# 自分をコントロールする力
## 非認知スキルの心理学

森口佑介



講談社現代新書
2551

# はじめに

虹を見たかったら、雨をがまんしなくちゃね（ドリー・パートン）

私たちが大きな目標を達成するためには、さまざまな困難や誘惑を乗り越えなくてはなりません。決して容易なことではありませんが、その障害が大きければ大きいほど、雨が激しければ激しいほど、その後に見られる虹は美しいでしょう。

志望校に合格するために、ゲームをがまんして勉強に励む受験生。スポーツで勝利を摑むために、あらゆる誘惑に抵抗して研鑽を積むアスリート。会社を興すために、プライベートの時間を犠牲にして仕事に打ち込む起業家。そのあり方はさまざまですが、自分を律し、未来を信じ、目標に向かう人の姿は尊いものです。

虹と雨の取り合わせは、その美しさのせいでしょう、さまざまな著名人が同じような言葉を残しています。たとえば、ジャズ歌手であるノラ・ジョーンズ氏は、ドリー・パートン氏の言葉とほぼ同じタイトルの曲（If You Want The Rainbow（You Must Have The Rain））を発表していますし、作家のジョン・グリーン氏原作の映画『きっと、星のせいじゃない』のなかでも同じような表現が使われています。

彼女らのような成功者にとって、将来の目標のために、目の前の困難や誘惑を乗り越える力は、必須なのでしょう。

### 非認知スキル

このような目標のために自分をコントロールする力は、いわゆる「頭の良さ」とは違ったタイプの能力です。頭の良さとは、どれだけ知識を持っているのか、どれだけ速く問題を解けるのか、与えられた情報からどれだけ推測することができるのか、などを指します。このような頭の良さは、専門的には「認知的スキル」と呼ばれます。知能指数（IQ）は、認知的スキルの典型的な例です。

一方、目標のために自分をコントロールする力は、頭の良さとは直接的に関係しません。認知的スキルとは異なる能力という意味で、「非認知スキル」と呼ばれます。「社会情緒的スキル」とも言います。非認知スキルには、自分をコントロールする力の他に、忍耐力、自信、真面目さ、社交性など、さまざまなスキルを含みます（詳細は第2章参照）。

数年前から、わが国においても、非認知スキルが子どもの将来にとって重要だと紹介する書籍やウェブコンテンツが増えてきました。しかしながら、それらの多くは、子どもの研究をしたこともない方々による、一部の研究成果に基づいた表層的な（時には誤った）知識によって書かれています。

実際のところ、非認知スキルのなかには、ＩＱなどと異なり、測定することすらできないものも多数含まれています。つまり、非認知スキルが大事だと言ったところで、それは絵にかいたモチであったり、科学的な研究に裏付けられているとは限らなかったりするのです。

そのなかで、本書では、非認知スキルのなかで、結局のところどのスキルが子どもの将来にとって大事なのかという疑問に答えたいと思います。その答えは、自分をコントロールする力なのです。本書では、この力について見ていきたいと思います。

## 実行機能

目標を達成するために、自分の欲求や考えをコントロールする能力を、「実行機能」と呼びます。心理学や神経科学の専門用語なので聞き慣れぬ言葉かもしれません。

実行機能は、英語で「エグゼクティブ・ファンクション」と言います。エグゼクティブには会社組織における執行取締役という意味がありますが、それに近いイメージを持っていただければと思います。

執行取締役の主な業務は、営業をしたり、製品を作ったり、総務的な仕事をしたりすることではありません。会社の目標を定め、その目標を達成するために、営業、製造、総務などの現場に対して指示を出すことです。

たとえるならば、営業や製造が実働部隊であるのに対して、執行取締役はブレーンだということになります。

目標を達成するためには、さまざまな苦難を乗り越えなくてはいけません。本業に注力するべきときに、妙な投機に手を出す誘惑にかられることがあるかもしれません。そのようなときに、執行取締役がしっかりと機能していれば、誘惑に打ち勝ち、本来の目標を達成することが可能となります。

執行取締役は会社組織における目標を定め、それを達成する役割を担いますが、本書における実行機能は人間個人が持つ能力です。自分自身で目標を定め、その目標を達成するための能力になります。

実行機能は、自制心という言葉の意味に近く、こちらのほうが身近かもしれません。自制心は自分をコントロールすることに主眼を置いていますが、実行機能は目標を達成することに主眼が置かれます。本書では、この点を強調したいので、実行機能という言葉を使います。

## 子どもの将来を占う実行機能

現在、世界の教育機関や研究機関、国際的な組織において、子どもの実行機能が非常に注目されています。20世紀末から学術的研究が爆発的に増え、基礎研究の段階を経て、現在は家庭や保育・教育現場において支援・応用する段階に入っています。筆者も、現在、さまざまな自治体や保育・幼児教育の現場で、実行機能に関する支援事業にかかわっています。その意味で、子どもの実行機能が重要であることはもはや世界の常識になりつつあります。

国外でどれほど重視されているかは第2章で詳しく触れますが、子どものときにこの能力が高いと、学力や社会性が高くなり、さらに、大人になったときに経済的に成功し、健康状態も良い可能性が高いことが示されています。逆に言えば、幼い頃に実行機能に問題を抱えると、子ども期だけではなく、将来にもさまざまな問題を抱える可能性があります。

つまり、実行機能は、子どもの将来を占ううえで、極めて重要な能力なのです。ところが、日本では、実行機能という言葉自体ほとんど知られていません。実際、実行機能が子どもの将来に重要だと言われても、「実行機能なんて聞いたことがない」とか、「いやいや、ＩＱのほうが大事でしょ」とか思われることでしょう。

ＩＱが重要であることは確かなのですが、最近のいくつかの研究から、実行機能は、ＩＱよりも子どもの将来に影響を与える可能性があることが示されています。さらに、より重要なこととして、実行機能は、ＩＱよりも、良くも悪くも家庭環境や教育の影響を受けやすいのです。第6章や第7章で触れるように、支援や訓練が可能な一方で、劣悪な環境にいると実行機能は育ちません。

もちろん、一つの能力だけで子どもの将来が決まるわけではありません。この点は留意が必要ですが、さまざまな研究において、一貫して、実行機能や自制心が子どもの将来に影響を与えることが示されており、その重要性は明らかです。子どもの持つ多様な能力すべてに目をくばることは不可能なので、有望な能力に注目が集まるのは当然と言えます。

本書では、

- 実行機能は、どういう能力を指すのか
- 実行機能は、どのくらいの年齢で、どのように育つのか
- 実行機能は、子育てや教育・保育によって、どのように育むことができるのか
- 実行機能は、（子どもも大人も）鍛えることができるのか

について詳しく紹介したいと思います。

## 人間は実行機能をどのようにして身につけるか

筆者は、人間はいつ頃から自分をコントロールできるのだろうかという疑問を高校生のときに持ちました。そのきっかけが、二つあります。一つは、生物としての人間の特徴は何だろうと考えたときに、この能力が有力な候補なのではないかと思ったことです。詳しくは第1章で紹介しますが、人間に最も近い生物だとされるチンパンジーですら、自分をコントロールすることは得意ではありません。実行機能は、人間を特徴づける能力の一つではないかと思い、関心を持つようになりました。

また、筆者は、人間はいつ頃この力を身につけるのだろうかと考えました。実行機能が人間の特徴であったとしても、生まれてきたばかりの赤ちゃんにこの能力が備わっているとは思えませんし、赤ちゃんどころか、若者ですらこの能力は十分に発達していないように思われました。

20世紀末に、若者がキレやすいという社会問題がマスコミを賑わしました。1997年に起きた神戸連続児童殺傷事件をはじめ、未成年者によるさまざまな凶悪犯罪が起き、当時未成年だった筆者たちは、マスコミから「キレる若者」というレッテルを貼られました。キレるということは、誘惑や困難に打ち勝つ力が足りないことを意味します。実際のところは、マスコミが過剰に騒いだだけであり、直接の因果関係があるかどうかはわかりませんが、この問題から、自分をコントロールする力は、いつ頃、どのように成長するのだろうかという関心を持つようになりました。

大学生のときに発達心理学という学問に出会い、実行機能を研究テーマとして選びました。大学院生になってから本格的に研究を始めて、博士研究員から大学教員として働く現在に至るまで研究を続け、実行機能の成長過程を明らかにしてきました。その一端を本書でお伝えしたいと思います。

**本書の構成**

本書では、まず、第1章において、実行機能がどのようなものか、大人にとって身近な例を取り上げながら説明していきます。次に、第2章において、実行機能が子どもの将来を占ううえでどれだけ重要なのかについて詳細に解説します。実行機能の重要性を理解していただいたうえで、人間がどのように実行機能を身につけていくかを説明します。第3章と第4章では、幼稚園・保育園に通う時期から、小学校までの間に、実行機能が身につく様子と、その脳内メカニズムを説明します。

実行機能は青年期において一時期低下してしまいます。第5章ではこのような様子について説明したいと思います。

第5章までで実行機能の育ち方を見たうえで、第6章と第7章では実行機能を、どのようにしたら育てることができるのかという点を紹介したいと思います。子どもだけではなく、大人でも実行機能を鍛えることができるのかについても解説します。

第8章では、全体を総括し、本書で伝えたいことをまとめます。

ぜひ、読者の方は、これまで身につけてこられた実行機能を発揮して、本書にお付き合いください。

目次

# 第1章　実行機能とは？

あなたにとって、一番のご褒美となる食べ物や飲み物を思い浮かべてください。ある人にとってはケーキかもしれませんし、別の人にとってはビールかもしれません。

あなたがとてもお腹を空かせたとき、または、とても喉が渇いたときに、そのご褒美が目の前に置かれたとします。たとえばご褒美がビールだったとしたら、今すぐにでも手を伸ばして、そのビールを飲みたいですよね。

ここで、あなたの意地悪な友人が、次のような選択肢を与えます。今すぐビールを飲むのであれば、小さなコップ1杯だけ。でも、もし荷物を運ぶのを手伝ってくれたら、ジョッキ1杯に増やしてあげる。ここでは、荷物を運ぶのにかかる時間は15分だとします。

そのようなとき、皆さんは、どちらの選択をするでしょうか。今すぐ喉を潤したいなら、目の前のコップ1杯のビールに手を出したほうがいいかもしれません。でも、コップ1杯だけでは満足できないだろうから、少しがまんして、ジョッキ1杯飲むほうが満足度は高いかもしれません。悩ましい選択ですよね。

目の前のコップ1杯のビールという選択は、自分にすぐに小さな喜びや快楽を与えてくれます。一方、15分後のジョッキ1杯という選択は、少し後により大きな喜びや快楽を与えてくれます。二つの選択肢を与えられたときに、どちらを選ぶのかが、自分をコントロールする力を表しています。

第1章では、自分をコントロールする力、すなわち、実行機能とはどのようなものかについて、特に大人を対象にした研究やトピックを中心に紹介します。

## 一日のうち4時間は誘惑と戦っている

女性も、男性も、子どもも、大人も皆、それぞれの立場で、さまざまな誘惑と戦い、自分をコントロールしています。たとえば、あるサラリーマンの一日を見てみましょう。

朝から配偶者に嫌味を言われ、落ち込んだ気分で一日が始まります。気持ちを切り替えるために甘いパンを食べたいところですが、血糖値が高いので、糖分控えめのパンにしておきます。

ようやく家から出たものの、次は満員電車です。隣の乗客の肘がおでこをかすめようともいちいち喧嘩していられませんし、優先席が空いて座りたいなと思っても、そこを必要とする人がいるので、立ち続けます。

会社に到着し、仕事にとりかかろうとしたら、上司がやってきて、別の仕事を優先してやってくれと言ってきました。一言くらい言い返したいところですが、ボーナスの査定に響くと思い、じっと耐えなければなりません。

食事においても、誘惑との戦いはつきものです。楽しみの昼食でも、大好きな食べ物、ラーメンやパスタではなく、比較的カロリーが低いとされるビーフンをコンビニエンスストアで購入します。せめてコーヒーでも飲みたいところですが、今月のお小遣いはあまり残っておらず、泣く泣くあきらめます。

一仕事を終えた後には一服したいところですが、タバコの値段は年々上がり続けるうえに、タバコを吸う場所を見つけるにも一苦労するような世の風潮もあり、タバコを吸いたい気持ちを抑えつけます。

夜には、眠けを抑えて残業です。世間的には時間外労働は制限されるようになりましたが、ときには残業が続くこともあります。

このように、誘惑や困難に打ち勝つことは、私たちの日常生活で頻繁に必要とされます。シカゴ大学（当時）のホフマン博士の研究では、205人の大人にポケットベルを1週間持たせて、一日のさまざまな時間にポケベルを鳴らしました（文献1－1）。そして、その前後で何らかの欲求を感じているか、その欲求をコントロールしているかどうかを尋ねました。その結果、研究参加者は、ポケベルが鳴った瞬間、半分で何らかの欲求を感じ、その多くの機会でその欲求を抑え込んでいると報告しました。これくらい、私たちは欲求を感じており、その欲求に抵抗しているのです。

最も多いのは食欲や睡眠欲ですが、それ以外にも、性欲やタバコ、はては、ソーシャルネットワーキングサービス（SNS）での承認すら私たちに快楽を与えてくれるので、その種の欲求もあります。

このような欲求に打ち勝つことができなかったらどうなるでしょう。人間関係にしても、健康にしても、子育てにしても、想像しただけで恐ろしいですよね。健康な社会生活を営むうえで、自分をコントロールする力が重要な役割を果たしていることがおわかりかと思います。

## なぜ日本のラグビーは躍進したのか

ラグビーを例に、実行機能の話をしてみましょう。2015年のラグビーワールドカップ以降における日本チームの躍進は記憶に新しいところです。日本のラグビーはそれ以前にワールドカップで1勝しかしたことがありませんでした。

1995年の第3回のワールドカップではニュージーランドを相手に17―145と最多得点差で敗れ、映画『インビクタス／負けざる者たち』でもこの大会の象徴的なシーンの一つとして扱われるなど、日本のラグビーは世界的にあまりインパクトがありませんでした。

ところが、2015年の大会では、決勝トーナメントには進出できなかったものの、優勝候補の一角である南アフリカ相手に勝利するなど、好成績を収めました。五郎丸歩選手など、優れた選手がいたことも事実ですが、やはり注目されるのは、ヘッドコーチであるエディ・ジョーンズ氏の存在です。

エディ・ジョーンズ氏のどのようなコーチングが良かったのかという点に関してはさまざまな専門的な批評がなされているのでここでは控えますが、ここで取り上げたいのが、彼が創り上げた日本代表チームの規律の良さです。

ラグビーにはさまざまなルールがあるのですが、たとえば、選手が密集している接点において、倒れている選手がボールに触ってはいけないというルールがあります。自分が倒れている、けれどもボールが目の前にあるという状況を想定してみましょう。ラグビーでは相手チームのボールを奪うことは最も重要なプレーの一つなので、当然目の前のボールに手を出したくなります。ここでのボールは選手にとって禁断の果実なのです。

もちろん倒れていながらボールに手を出すことが反則であることはわかっています。しかし、ラグビーの試合中は、極限状況です。頭に血が上った状態で、冷静な判断ができるとは限りません。そのような際に、ついつい欲求に負けてしまい、ボールに手を伸ばすという反則を犯してしまうことがあります。ラグビーの最大の目的は、相手チームに勝つことですが、反則はその目的を阻害することになります。

日本代表チームが素晴らしかったのが、こういった反則がほとんどなかった点です。厳しい練習を通じて、体力はもちろんのこと、自分をコントロールする力も鍛えられたのでしょう。目の前にある誘惑を断ち切り、クリーンなプレーをしました。反則が続くと、そのチームはうまくリズムに乗れません。同じく2015年のワールドカップの日本とサモアの試合における、サモアチームはまさにそういった例でした。2019年のワールドカップの日本とサモアの試合は素晴らしかったですが。

このように、目の前にある誘惑（ボール）に抵抗する力、それによって将来的な利益（チームの勝利）を得られる方法を選択する力が、実行機能なのです。

## プロジェクトの遂行

ここまで、誘惑や欲求に抵抗する点について説明してきましたが、実行機能には別の側面もあります。会社であるプロジェクトを任されているところを想像してみてください。プロジェクトの目的が、新商品を企画することだとしましょう。

この目的を達成するためには、いろいろな仕事をこなす必要があります。たとえば、人員や予算を確保する必要があるでしょう。従来の商品との違いを明確にするために、既製の類似品を調べなければなりません。専門家の意見を聞きに行く必要もありますし、さまざまな書類作成業務もこなさなければなりません。

このときに大事なのは、プロジェクトをどのように遂行するかのプランを立て、どの仕事からこなすか優先順位をつけることです。いきあたりばったりで仕事をこなしていては時間がかかってしまいますし、非効率です。何が本質的に大事なことで、何が枝葉であるかを見極めなければならないでしょう。

また、状況に応じて柔軟に頭を切り替える必要があります。たとえば、企画していた新商品と類似した商品が競合他社から販売されることを知った場合には、プロジェクトの方向性を考え直す必要があるでしょう。自分の企画に自信があったとしても、類似品になってしまっては二番煎じとの評価は免れません。仕事へのこだわりは重要なことですが、いつまでも過去にこだわりすぎると、目標の遂行が困難になってしまいます。

このように、目標を達成するために、優先順位をつけたり、頭を切り替えたりするのも実行機能の大事な側面なのです。

## セルフチェック

さてここで、皆さんの自分をコントロールする力をチェックしてみましょう（文献1-2）。さまざまなテストが開発されていますが、そのなかでも比較的よく用いられているテストを表1に示しますので、やってみてください。

「1. 全然あてはまらない」「2. あまりあてはまらない」「3. どちらともいえない」「4. ややあてはまる」「5. 非常にあてはまる」の5段階で評価

チェック項目A
・自分にとってよくない誘いは、断る
・誘惑に負けない
・自分に厳しい人だと言われる
・先のことを考えて、計画的に行動する
→　ここまでの得点をすべて足してください

チェック項目B
・悪いクセをやめられない
・だらけてしまう
・場にそぐわないことを言ってしまう
・自分にとってよくないことでも、楽しければやってしまう
・もっと自制心があればよいのにと思う
・集中力がない
・よくないことと知りつつ、やめられない時がある
・他にどういう方法があるか、よく考えずに行動してしまう
・趣味や娯楽のせいで、やるべきことがそっちのけになることがある
→　この9項目については、すべて足して、54から引いてください（たとえば、全て足して20点だったら、チェック項目B得点は54－20＝34です）

得点＝チェック項目A得点＋チェック項目B得点

**表1**　自分をコントロールする力（文献1-2より）

13のチェック項目から構成されています。すべてのチェック項目を、「1．全然あてはまらない」「2．あまりあてはまらない」「3．どちらともいえない」「4．ややあてはまる」「5．非常にあてはまる」までの5段階で評価してみましょう。最初の四つ（チェック項目A）に関しては、5段階の得点をすべて足してください。最高で20点です。五つ目以降に関しては、得点をすべて足して、その合計を54から引いてください。

おわかりの通り、チェック項目Aは、自分をコントロールする力の強さを、チェック項目Bは、弱さを点数化しています。チェック項目Aとチェック項目Bの合計得点が何点になったでしょうか。

日本の大学生と学生以外の一般の方を対象に行ったテストでは、大学生の平均点は約36点、一般の方では約40点です。皆さんは平均得点を超えていたでしょうか。こういうテストは、自分に甘くしてはいけません。自分に負けず、正直に答えてください。

**仕事**

このテストの何が大事なのかと思われるかもしれませんが、こういったテストで調べられる自分をコントロールする力、すなわち、実行機能は、日常のさまざまな行動とかかわっています。ここから、これらのテストを含めたさまざまな検査で調べられた実行機能が、日常のどのような行動とかかわっているかについて紹介します。

まず、実行機能と仕事の関係について見ていきましょう。たとえば、顧客とトラブルがあったとき、同僚や上司・部下といざこざがあったときに、私たちには、ときには自分の気持ちを抑えることが必要です。問題の解決という目標のために、感情や欲求を抑えて、粘り強くやりとりをすることで、問題解決の糸口を探らなければなりません。

たとえば、管理職には実行機能が必要です。シンガポール国立大学のヤム博士らの研究では、実行機能の低い上司は、顧客とのやりとりに疲れて自分を抑えきれずに部下を罵りやすかったり、仕事の付き合いで消耗しやすかったりして、うまく仕事を管理できないことが報告されています（文献1－3）。皆さんの周りにもこういう上司がいるかもしれません。

もちろんこれは全体的な傾向です。実行機能は低そうだけど、仕事ができる人がいるかもしれません。そのような例はもちろん存在します。

ただ、ある二人の人が、他の能力にはあまり差がなくて、実行機能にだけ差がある場合に、実行機能が高い人のほうが仕事でいい成績を残しやすいということです。

## スティーブ・ジョブズ

実際に、仕事の遂行には自分をコントロールする力が重要であるようです。一例としてアップルの創業者であるスティーブ・ジョブズ氏を挙げてみたいと思います。スティーブ・ジョブズ氏に詳しい人でしたら、笑ってしまうかもしれません。なぜならば、彼は、自分をコントロールすることが苦手な人として有名だからです。

若い頃にはＬＳＤなどの薬物に手を出し、大学を中退し、自分の娘をなかなか認知せず、起業してからも周囲との軋轢を厭《いと》わず自分の思ったことは何でも口に出し、口論になると人を憚《はばか》ることなく激怒したり、泣き出したりしてしまう。社内外の人材を評価する際には天才か愚か者のどちらかであり、製品も優れた作品以外はすべてゴミだと評価する。

マッキントッシュやiPod、iPhoneなどの製品だけではなく、『トイ・ストーリー』などの作品を生み出し、天才的なプレゼン能力を駆使することでカリスマ経営者としてある種の偶像になった彼ですが、その人格に対する評価はかんばしいものではありません。

筆者も『トイ・ストーリー』を作ったピクサー社の共同創業者であるアルビー・レイ・スミス氏と話をしたことがあるのですが、スティーブ・ジョブズの経営者としての能力は高く評価するものの、人柄については評価していませんでした。

しかし、自分をコントロールすることが得意ではないスティーブ・ジョブズも、彼の大いなる野望、大いなる目標を達成するためには、どのような苦労も厭わず、時には心にもないおべっかをつかい、頭を切り替えて、一度追い出されたアップルに戻り、仕事にすべてを注ぎ込んだのです。

彼は、成功する経営者とそうではない経営者の違いを、目標を達成するために、どのような苦難にも耐えることができるかどうかだ、と述べています。

スティーブ・ジョブズの目標とは何でしょう。それは、利益の追求や会社を大きくすることだけではなく、テクノロジーと芸術を結び付け、誰も生み出したことのないカッコイイ製品や作品を作り、世界を変えることです。

ほんの少しの色みや形の違いにこだわり、周囲の不満にも耳をかさず、カッコイイ製品や作品を作るために、他のすべてに優先し、仕事に打ち込んだ、その結果として、いくつものイノベーションを起こすことができたのです。

スティーブ・ジョブズ以外にも、京セラの創業者である稲盛和夫氏や、パナソニックの創業者である松下幸之助氏も、自分をコントロールする力の重要性を説いています。優れた経営者には、やはり実行機能が備わっているのでしょう。

## 肥満

仕事以外に、実行機能は健康面にもかかわっています。たとえば、ユトレヒト大学のデ・リッダー博士らの分析によると、実行機能が高い人は、肥満になりにくいことが示されています(文献1－4)。

筆者自身、ラーメンやビールは大好物ですが、これらを摂取し続けると、体調を崩しやすくなるのは想像に難くありません。ラーメンは週に一度まで、ビールは連日飲まないようにする、などのルールを自分に課して、自分をコントロールしています。必ずしもうまくいかないこともありますが、自分の体型や体調を維持するためには自分をコントロールする力は必須です。

特に、肥満が深刻な社会問題になっているアメリカでは、実行機能と肥満の関係が幾度となく示されています。一般に、私たちは高カロリーのものに対しては高い価値を置くことが知られています。これは、私たちが狩猟採集民であった遠い昔まで遡《さかのぼ》ります。そのような時代においては、現代とは異なり、なかなか食料を手に入れることができませんでした。

生き抜くためには脂肪等を蓄える必要があり、脂肪分を含む高カロリーのものに価値を高く置いていたのではないかと考えられています。狩猟採集時代においては、高カロリーのものに価値を置くことは大切なことだったのです。

そのため、私たちは、どうしても高カロリーのものを選びたがります。もちろん個人差はありますが、お肉とサラダであればお肉、ケーキと寒天であればケーキのほうに価値を置く人も少なくないのではないでしょうか。

私たちの脳は、狩猟採集民のときから、それほど大きくは変わっていないと考えられており、私たちの脳はついつい高カロリーのものに反応してしまうようです。脳の話は第4章で詳しく紹介します。

しかし、現代の日本のように食料に比較的恵まれている社会では、高カロリーのものを選択することは必ずしも良いことではありません。高カロリーのものを選びたくなる傾向をコントロールすることで、肥満や栄養の偏りを防ぐ必要があります。

実行機能が高ければ、目の前にある食べ物や飲み物などの誘惑に負けないような生活習慣をつくることができます。それが積み重なることによって、健康維持ができるのです。

## 性的行動

食欲の次は、性欲です。性欲も私たちの脳のなかに組み込まれている生理的欲求であり、ときに抗《あらが》うのが難しいものの一つです。その難しさは、古代より、宗教、規範、法によって性欲にかかわる不適切な行動をさまざまに抑止しようという試みがあったことからも明らかでしょう。

ですが、この性欲に負けてしまうことで、人生を狂わせる例は枚挙にいとまがありません。食欲の場合、一度くらい自分の食欲に負けること、たとえば誘惑に負けてラーメンを食べてしまうことは、それ自体が人生の大きな損失になるということはありません。一方、性欲が恐ろしいのは、これに負けてしまうと、社会的立場を失ったり、家族を失ったりすることに直結してしまいかねないことです。

性的刺激は、私たちに強い誘引力を持っています。男性は特に視覚的な性的刺激に反応しやすく、性欲を抑えることに失敗しやすいので、要注意です。マーストリヒト大学のロドリゲス＝ニエト博士らの研究によると、性的な刺激を見ないようにするためにもある種の実行機能が必要であるようです（文献1−5）。

テレビやインターネットなどを通して、政治家や芸能人が、浮気や不倫スキャンダルで政治生命や芸能生命に大きなダメージを受けるという話はよく聞きますし、読者の皆さんの周りにも一つや二つそういう例があるでしょう。

浮気以外にも、実行機能の低い男性も女性も、見境のない性的行動をしてしまったり、避妊具を使用しなかったりということが報告されています。誰と性的行動をするかなどはもちろん当人の自由でありますが、望まない妊娠をすることによって、自分の人生の選択肢の幅が狭くなることもあります。

さらに、性的欲求を制御することができず、さまざまな罪を犯してしまうこともあります。性的犯罪など、被害者や当人の人生はもちろんのこと、さまざまな人の人生を狂わせてしまう可能性すらあります。

**依存症や犯罪**

これ以外にも、幸福感や精神的な健康とも自分をコントロールする力は関係しますし、タバコやドラッグなどに依存するようになる等々、青年期から成人期においてさまざまな問題に実行機能はかかわってくるのです。この点も、ユトレヒト大学のデ・リッダー博士らの分析を始めとするさまざまな研究によって示されています（文献1－4）。

タバコの値段が高くなったことや、タバコを吸える場所が減ったことなどにより、我が国における喫煙率は、年々減少しています。厚生労働省の統計によると、私が生まれた40年前の男性喫煙率は約73％、女性の喫煙率は約15％でしたが、２０１７年の喫煙率は男性約30％、女性10％弱と、特に男性で大幅に下がっています。

とはいえ、やめられない人がいることも事実ですし、喫煙者のなかには本来禁煙とされているところで喫煙をする人などもいます。

このように、私たち大人の日常的な行動や問題に対して、実行機能は非常に影響力を持っていることが、これまでの研究から示されています。

## 実行機能は人間に特有か

さて、どうやら、私たち人間にとって、実行機能は重要であり、人間社会にとって必須なようです。たしかに、他の動物と比べても、人間のこの能力は高いようにも思えます。たとえば、筆者はパグという犬を飼っていますが、彼のふるまいを見ると、自分をコントロールする力が全くないように思えるときがあります。目の前に食事を置くと、かなりの老齢であるにもかかわらず、鼻息を荒くし、よだれをたらし、今にもとびかからんばかりの面持ちでいます。何度も何度も訓練を重ねることによって、10秒間程度は待つことができるようになりましたが、それが彼の限界のようです。

犬は人間と共存できるように進化してきた側面があると考えられているので、まだいいほうかもしれません。果たして、人間以外の動物に実行機能はあるのでしょうか。

かつてのキリスト教では、人間を他の動物から切り離し、人間に特権的な地位を与えていました。その一環として、理性や実行機能のようなものも、人間に特有の能力だと考える見方は、いまだにあります。

ですが、ここ数十年の心理学の研究は、むしろ人間と他の動物との違いは、考えられていた以上に小さいことを示してきました。動物が言語を話せないのは確かですが、道具を使う能力や、記憶力、最近では他者の気持ちを推し量る能力に至るまで、人間と、人間に最も近い動物の一つであるチンパンジーとの間は非常に小さいものであることが示されています。

## 動物の実行機能

それでは、実行機能については、人間は特権的な地位にあるのでしょうか。この点について、最近面白いことが明らかになってきました。

まず、一つは、「人間とそれ以外の動物」という構図は成立しないという点です。デューク大学のマクリーン博士を中心とした国際研究チームは、36種の動物の実行機能を比較しました（文献1－6）。

この研究では、非常に簡便な方法でさまざまな動物の実行機能を測定しました。まず、三つの箱のようなものを用意し、その動物にとって魅力的な食べ物を一つの箱（箱

A）に隠し、探させます。これ自体はどの動物にとってもそれほど難しいことではありません。これを3回繰り返します。

その後に、テストを行います。今度は、箱Aに一度食べ物を隠した後に、そこから取り出して別の箱Bに隠します。動物は、箱Aを探して成功する経験を3回しているので、箱Aを探すという行動が選択されやすくなっています。この行動を選択せずに、正しく箱Bを探すことができるのかを調べます。

人間では、1歳前後の赤ちゃんでも正しく箱Bを探すことができます（第4章参照）。他の動物はどうだったのでしょうか。その結果、チンパンジーやオランウータンなどの霊長類は、ネズミなどのげっ歯類や鳥類に比べて、成績が良いことが示されています。また、さまざまな種類の食べ物を食べる動物のほうが、そうではない動物よりも、自分をコントロールする力が強いことも示されています。

全体的に、実行機能は、脳の大きさと関係があったようです。この研究で最も脳が大きい動物である象は例外だったようですが、それ以外の動物では、脳が大きければ大きいほど、実行機能が高いのです。

## チンパンジーと人間の子ども

ただし、この研究で実行機能が高いとされるチンパンジーなどの霊長類であっても、人間と同レベルというわけではありません。別の研究から明らかになっているのは、人間の実行機能はやはりチンパンジーよりもかなり高いということです。特に、目の前においしそうな食べ物がある場合に、チンパンジーは誘惑に抵抗することが難しいことが繰り返し示されています。

トマセロ博士（研究当時マックスプランク研究所）らのグループは、チンパンジーの実行機能を人間の子どもと比較しました（文献1－7）。その結果、チンパンジーの成績は人間の3歳児と同じくらいであることが報告されています。そして、ここが大事なところですが、人間の実行機能は、3歳以降に劇的に変化するということです。この点は第3章で改めて触れたいと思います。

このようなことから、この能力が人間に特有とまでは言えないですが、人間において特に発達している能力であると結論づけられます。私は、この実行機能こそが、人間を特徴づける能力の一つだと考えています。

**本章のまとめ**

第1章では、実行機能がどのようなものであるかについて見てきました。要点を整理すると、以下のようになります。

・実行機能とは、目標を達成するために、自分の行いを抑えたり、切り替えたりする能力のことである
・実行機能は私たちの社会生活に欠かせないものである
・実行機能が高い人は仕事ができたり、健康な生活を送れたりする可能性が高い
・実行機能は人間において特に発達している

次章では、子どもを対象にした研究を通して、なぜ実行機能が重要視されているかについて紹介していきます。

# 第2章　自分をコントロールすることの重要性

第1章では、自己をコントロールする力である実行機能がいかなるものか、大人において実行機能が私たちのどのような行動に影響を与えるかについて見てきました。第2章では、子どもを対象にした研究に焦点をあて、子ども期の実行機能がその子どもの将来とどのようにかかわるのかを紹介します。

## IQよりも……

「はじめに」でも触れたように、子どもの将来にとって大事な能力は何かと考えたときに、まず思い浮かぶのがIQなどに代表される「頭の良さ」ではないでしょうか。実際のところ、子どものときのIQは、学力や将来の年収などにも影響することが知られています。

ところが、最近の研究の進展により、IQが重要であることは間違いないものの、IQだけでは不十分であることが明らかになっています。

なぜなら、IQだけでその人の能力を推し量ることはできないためです。たとえば、大学教員としていろいろな人とお話をしていると、「東大卒なのに仕事ができないのはなぜか」という相談を真剣に受けることがあります。曰く、東大卒だから、IQは高く、勉強もできる。でも、なぜ仕事ができないのか、という相談です。

私自身、学生時代を通じて、また、現在の仕事を通じて、東大生はもちろんのこと、国内外のさまざまな大学生や大学院生と接する機会があり、同じように勉強ができたり、知識があったり、頭の回転が速かったりするのに、社会に出た後に大きく差をつけられる人たちに出会うことがあります。

このような差を生むものが、「非認知スキル」です。OECD（経済協力開発機構）という国際機関は、2015年の報告書のなかで、今後教育で育むべき能力は、非認知スキルだと述べています（文献2－1）。

このスキルは、言うなれば、自分や他人とうまくつきあっていく能力のことです。私たちは、会社や学校などの社会のなかで、自分を大事にしつつ、他者ともうまくやっていかなければなりません。

先の東大卒の人の例で言えば、同僚や上司などとしっかりコミュニケーションをとりながら、ノルマのクリアやプロジェクトの成功という目標を達成する必要があるでしょう。仮にIQは高く、知識もあったとしても、非認知スキルが低い場合は、粘り強く仕事をやり遂げられず、すぐに放り出してしまうかもしれませんし、顧客とトラブルを起こしてしまうかもしれません。

実際の社会生活においては、IQのみならず、非認知スキルが要求される場面が多いのです。

## ペリー就学前プロジェクト

ＯＥＣＤが非認知スキルの重要性を強調するのは、このスキルが変化しやすいためです。ＩＱは基本的に安定したものであり、生涯を通じてあまり変化しません。子どもの頃にＩＱが高い場合は、大人になってもＩＱはやはり高いことが多いのです。

一方、非認知スキルは教育や子育てによって変化する可能性があります。このことを示す証拠として、アメリカのミシガン州における幼児教育計画である、ペリー就学前プロジェクトを紹介しましょう（文献２－２）。

このプロジェクトは、貧困層の子どもを支援することを目的としたものです。貧困層の子どもたちは、家庭に問題を抱えることが多く、教育も十分に受けられません。そのため、学力が低いことが多く、学校を中退したり犯罪に走ったりするなどして将来にさまざまなリスクを抱えてしまいます。

そこで、そのような子どもに対して、早い時期から質の高い教育を施すことで、子どものＩＱを支援するためのプロジェクトが始まりました。このプロジェクトでは、貧困層の子どもたちを、二つのグループに無作為に分け、一方には質の高い幼児教育プログラムを施し、もう一方にはそのようなプログラムを施しませんでした。

プログラムを受けたグループでは、子どもたちは毎日プレスクールに通い2時間半の授業を受け、また、週に一度は教師の家庭訪問を受けました。

プログラムの後に、それぞれのグループの子どもがその後どのように発達するかを追跡調査しました。

その結果、プログラムを施した直後は、プログラムを受けたグループの子どものIQは、受けていないグループの子どもよりも高くなっていました。この結果を見ると、IQは教育によって育むことができるようにも思えます。

ところが、10歳頃にはプログラムを受けたグループと受けていないグループのIQの差は見られなくなりました。つまり、このプロジェクトにおける幼児教育は長期的にはIQを高めることができませんでした。

このことは、わが国にも多数ある「IQを高める」幼児教育スクールにも疑義を投げかけます。IQを一時的には高めることができても、その効果は後に持続しない可能性があります。一時的に変化したように見えても、それは見せかけに過ぎません。

## プロジェクトが高めたもの

このように、ペリー就学前プロジェクトでは、ＩＱを高めることに失敗したと言えます。ですがシカゴ大学のヘックマン博士らが、中学生の時点で幼児教育プログラムを受けていた子どもは、受けなかった子どもよりも、学校の出席率が高く、学業成績が良いことを見出しました（文献２－３）。

このような傾向は、高校時にも継続し、幼児教育プログラムを受けていた子どもは、高校の卒業率が高かったことも報告されています。さらに、大人になってからも、幼児教育プログラムを受けた子どもたちは、収入が高く、生活保護受給率や犯罪率が低いことも明らかになっています。

つまり、幼児教育はＩＱに対してはあまり長期的な効果がなかったものの、ＩＱ以外の能力、つまり、非認知スキルの発達に影響を与え、それが青年期の学校での成績や成人期における社会的成功を促したことが示されました。

ペリー就学前プロジェクトは、50人程度を対象にしたものだったのですが、ノースカロライナ州で実施された同規模のアベセダリアンプロジェクトでも、ペリー就学前プロジェクトと同じような結果が報告されています。

## 非認知スキルとは？

それでは、非認知スキルとは具体的にどのようなもののことを指すのでしょうか。ＯＥＣＤの報告書では、他者とうまくつきあう能力、自分の感情を管理する能力、目標を達成する能力の三つが挙げられています（図１）。

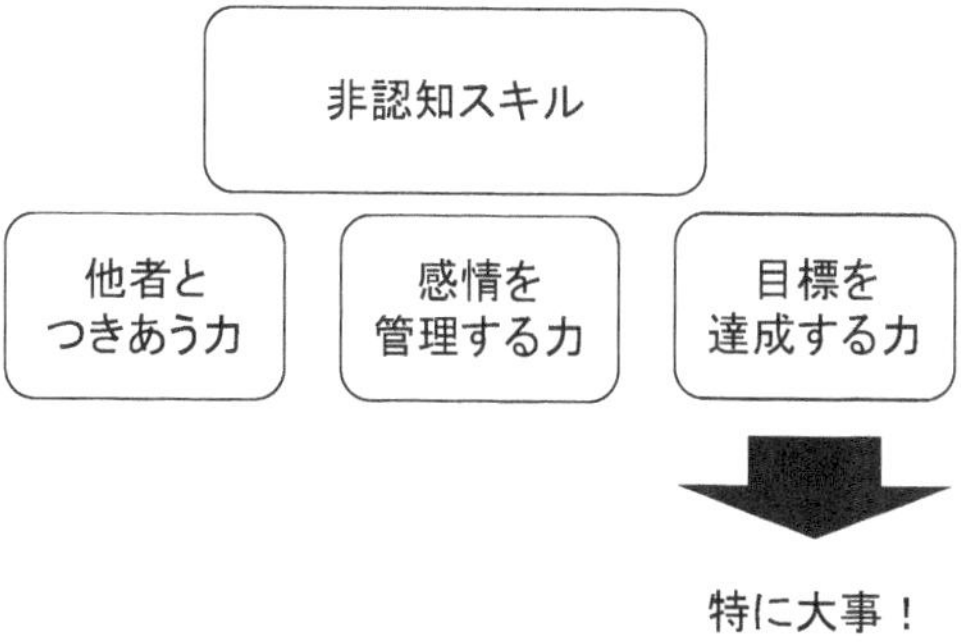


**図1** 非認知スキルの三つの能力

他者とうまくつきあう能力とは、他者に対する思いやりや、社交的なスキルのことです。これらのスキルが学校や職場で重要なことは言うまでもありません。思いやりのない人は、周りからも助けてもらえず、学校や職場で孤立してしまうでしょう。

自分の感情を管理する能力とは、自尊心を持つことです。自尊心が高すぎるのも問題ですが、自分に自信を持つことは、他者とかかわるうえでの基盤となります。

これらのスキルも重要ですが、小学校入学前の子どもを対象にした研究の多くが、目標を達成する能力、特に、実行機能が子どもの将来に与える影響が強いことを示しています。非認知スキルのなかでも特に重要なスキルと言っていいかもしれません。

最近では、実行機能は、認知的スキルからも他の非認知スキルからも独立した、特別なスキルだと考えられつつあります。そういう意味でも、実行機能が特別な存在であることがわかります。

## マシュマロテスト

実行機能の重要性をわかりやすい形で示したのが、アメリカの故ウォルター・ミシェル博士によって進められたマシュマロテストについての研究です。まず、マシュマロテストについて詳しく説明しましょう（文献2－4）。

このテストは、保育園・幼稚園に通う年齢の子どもを対象にしたものです。実験者は子どもと少し遊んだ後、子どもに「用事があるので部屋の外に行くけれど、もし何かあったらベルを鳴らして私を呼んでね」と告げます。そして、子どもにベルを渡して部屋を出ます。

そのときに、子どもは二つの選択肢を提示されます。マシュマロ一つの選択肢と、マシュマロ二つの選択肢です。

実験者は、子どもに、自分が部屋に戻ってくることを待つことができれば、マシュマロを二つもらえることを告げます。また、実験者が部屋に戻ってくるまで待てないと思ったら、ベルを使って実験者を呼んでもいいこと、しかし、その場合はマシュマロは一つしかもらえないこともあわせて告げます。

この実験の過酷な点は、実験者が戻ってくるまで10—15分もかかることです。子どもは、自分の目の前に魅力的なお菓子があるのに、それを食べたいという欲求をコントロールして、10分程度待ち続けなければならないのです（図2）。第1章でも紹介したように、大人であっても、目の前においしそうなビールやケーキが置いてあれば、15分待つのは大変ですよね。

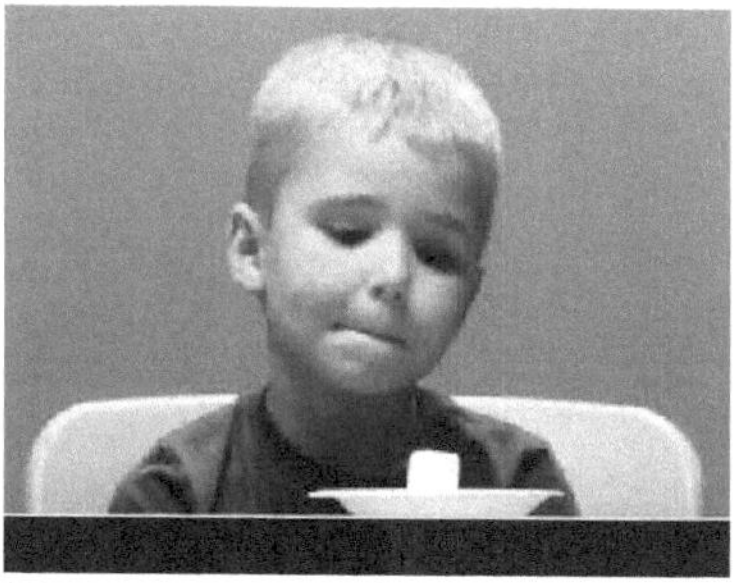

**図2** マシュマロテスト（The Marshmallow Test, Igniter Media より）

このテストでは、子どもが今すぐに少ないマシュマロを得るか、その欲求をコントロールして2倍のマシュマロを得るかを調べることができます。ここで強調しておきたいのは、後で2倍の報酬を得るという目的のために今、目の前の誘惑に抵抗できるかを調べるテストだという点です。

## マシュマロテストに参加した子どもの青年期

このテストで、目の前のマシュマロに手を出してしまう子どももいれば、後で二つのマシュマロを得るために誘惑に抵抗できる子どももいます。

このテストに参加した子どもは、その後どのような人生を送ったのでしょうか。ミシェル博士らは、マシュマロテストに参加した子どもたちを長期的に追跡し、目の前のマシュマロを食べたいという欲求をコントロールできた子どもとできなかった子どものその後の成長にどのような違いがあるかを調べました。

具体的には、幼児期のマシュマロテストの成績を記録し、その子どもたちに10年後にもう一度調査に参加してもらい、青年期におけるさまざまな能力との関連を調べたのです（文献2－5、2－6）。

ここで調べられたのは、青年期の学力、友達との対人関係スキル、さまざまな問題を起こす頻度、問題が起きたときの対処能力などです。主に、学校に適応できているかどうかが調べられました。

この研究の結果、幼児期にマシュマロテストの成績が良かった子どもは、そうではない子どもよりも、青年期の学力や対人スキル、問題が起きたときの対処能力などが高いことが示されました。

さらに、欲求をうまくコントロールできた子どもは、青年期にストレスにうまく対処できることも示されています。青年期といえば、友達関係に悩んだり、いじめにあったり、受験のストレスがあったりと、決して楽な時代ではありません。大変な青年期を乗り切るために、子ども期の実行機能が役に立っているのです。青年期については第5章で再度触れます。

## 大人になったら？

この研究には続きがあり、同じ研究グループが、幼児期のマシュマロテストの成績と、その20年後における自尊心や拒否感受性などとの関連を調べました（文献2－7）。聞きなれない言葉かと思いますが、拒否感受性とは、周りの他者が自分を拒否するのではないかと予想したり、些細な行動から自分は拒否されたと考え、過剰反応したりするような傾向のことです。読者の方の周りにも、「私だけ仲間外れにされた！」と言う人がいるかもしれません。

この傾向が強い人は、自分は拒否されると考えがちなため、人間関係に問題を抱えやすく、自尊心も低くなってしまいます。この研究では、子どものときに実行機能が高ければ、たとえ拒否感受性が強くても、自尊心に問題を抱えにくいことを示しています。

学校生活を思い起こしてみますと、ちょっとしたトラブルは少なくありません。たとえば、自分の持ち物が見当たらないとしましょう。

こういう場合、拒否感受性が強いと、（事実がどうであるかは別として）自分の持ち物が誰かに隠されたと考えてしまい、同級生や教師とトラブルを重ねてしまいます。友達も離れていき、教師からは問題児扱いされてしまいます。こうなると自尊心も低下してしまいます。

ですが、拒否感受性が強くても、実行機能が高いと、自分の思い込みを抑え込み、別の可能性についても考えられるようになります。たとえば、自分の持ち物を別のところに忘れた可能性を思いつくことができます。その結果、人間関係に問題を抱えにくく、自尊心も保たれるのです。このような経験が積み重なることにより、子どものときの実行機能は大人になってからの自尊心に影響力を持つのです。

また、これ以外にも、子どものときに実行機能が高い子どもは、30年後に肥満体型になりにくいことも示されています（文献2－8）。肥満度の指標であるBMI値では、18・5－25が普通体型とされます。

この研究では、幼児期にマシュマロテストで待つことができた時間が1分長いと、30年後のBMIの値が0・2低くなることも示されました。マシュマロテストですぐに目の前のマシュマロを食べてしまう子どもに比べて、5分間待つことができる子どもは、大人になったときのBMI値が1低いということになります。

30歳を越えるとBMI値を1減らすのも大変です。子どものときの実行機能が大きな影響力を持っていることがご理解いただけると思います。

## マシュマロテストの結果は信頼できるか？

マシュマロテストという非常に簡単なテストが子どもの将来を予測するという結果は衝撃的で、多くのメディアが取り上げ、一般に知れ渡ることになりました。ですが、最近になって、この研究結果が疑問視されています。

実は、現在、心理学の過去の研究結果がどの程度信頼できるものなのかが大きな問題になっています。教科書や一般書に載るような過去の有名な研究結果が、実はあまり信頼できないということがしばしばあるのです。本書では、執筆時点では信頼に足るものを紹介していますが、後になって実はあまり信頼できない結果だったと判明する可能性は否定できません。

科学的研究の前提として、同じ方法を使えば、同じ結果が得られなければならないというものがあります。ところが、心理学では、同じ方法を使っても、同じ結果が得られないことがあります。

一つ例を挙げてみましょう（文献2－9）。発達心理学の有名な研究成果に、新生児模倣というものがあります。これは、生まれたばかりの赤ちゃんが、大人の表情を真似るというものです。たとえば、大人が口から舌を突き出せば、赤ちゃんも舌を突き出すのです。今から40年ほど前に報告されました。

筆者も娘が生まれたときにこの実験をやってみたのですが、筆者が舌を突き出すと、娘も舌を突き出すように見えました。そのため、本当に模倣するのだなと思っていました。ところが、最近の大規模研究によると、生まれたばかりの赤ちゃんに同じような実験をやっても、赤ちゃんはほとんど新生児模倣をしないことが報告されました。新生児模倣らしいことをすることはあっても、統計的には偶然の範囲内だったのです。

こういう話を聞くと、研究者が結果を捏造しているのではないかと思われる方もいらっしゃるかもしれません。少数ながらそういう研究者がいることは否定できませんが、技術的な問題や、他の重要な要因を考慮していなかった場合などがほとんどです。

マシュマロテストについて言えば、ニューヨーク大学のワット博士らが、ミシェル博士らによるのと同じ年齢の子どもを対象にマシュマロテストを実施し、その子どもたちを青年期まで追跡して、ミシェル博士らと同じような結果が得られるかを調べました（文献2

─10）。

この研究の特徴として、さまざまな要因を考慮したという点があります。青年期の学力や問題行動は、マシュマロテストの成績以外にも、家庭の経済状態（裕福か貧しいか）や子どものときの知的レベルなど、さまざまな要因に影響を受けます。これらの要因を考慮しても、マシュマロテストが影響力を持つかを調べたのです。

その結果、家庭の経済状態や子どものときの認知機能などを考慮すると、幼児期のマシュマロテストが青年期の学力や問題行動に与える影響は極めて小さいことが示されました。

現在も議論は続いていますが、マシュマロテストの成績は、子どもの将来を予測するためにはあまり重要ではないようです。本章の前半を読んで、お子さんにマシュマロテストの訓練をしようとした方は、踏みとどまってくださいね。

そうすると、実行機能は子どもの将来にとって重要ではない気がしてきますよね。ですが、マシュマロテスト自体はそれほど重要ではありませんが、実行機能はしっかりと子どもの将来を予測します。次にそのような研究を二つ紹介しましょう。

## ダニーデンの縦断研究

ニュージーランドのダニーデンという人口10万人強の小さな町で、現在、世界中から注目を集めている研究があります。この研究は1972―73年に生まれた、1000人以上の赤ちゃんを対象に、その子どもたちの人生を追跡しています。長期間子どもの発達を追跡することから、長期縦断研究と呼ばれます。

1000人という規模は、世界的に見るとそれほど大きくはありません。この研究が世界中から注目されているのには二つの理由があります。

一つは、この研究では、対象となる子どもたちを、2―3年ごとに追跡調査をし、その成長の軌跡を長期間にわたって追跡しているという点です。

もう一つの理由は、参加率が高いことです。こういう長期縦断研究では、年々参加者が減っていきます。たとえば、最初1000人の子どもが対象だったとしても、引越しなどによって参加が難しくなり、10年後には半分になるということも少なくありません。参加者が減ると、データの信頼性が落ちてしまいます。ところが、この研究では、38歳の時点において、90％以上の参加率を誇るのです。つまり、非常に信頼できるデータということになります。

## 子どもの将来を予測する実行機能

デューク大学カスピ博士らのグループによる２０１１年の報告では、子どものときの実行機能から、32歳になったときの健康状態や、年収や職業、さらには犯罪の程度までを予測できることが明らかになりました（文献２－11）。

この研究では、５歳から10歳頃までの子ども期における実行機能を、親や保育士などに評定してもらいました。マシュマロテスト一つで調べたわけではなく、さまざまな側面から実行機能を調べたのです。この点が大事な理由は次章で述べます。

それらの子どもを大人になるまで追跡し、大人になったときにどのような影響が見られるかを検討しました。その結果、子ども期において実行機能が低い子どもは、家庭の経済状態やＩＱなどの影響を統計的に除外しても、大人になったときに以下のような点で問題を抱えやすいことが示されています。

・健康面：循環器系疾患のリスクが高い
　　　　　肥満になりやすい
　　　　　性感染症になりやすい
　　　　　歯周病になりやすい

・依存症：ニコチン依存症になりやすい
　　　　　薬物依存症になりやすい
・経済面：年収が低い
　　　　社会的地位が高いとされる職業につきにくい
　　　　将来への資産運用ができない（貯金が少なく破産もしやすい）
・犯罪面：何らかの違法行為を行って、裁判で有罪判決を受ける可能性が高い
・家庭面：子どもがいる場合、シングルで育てることになりやすい

かなり衝撃的ではないでしょうか。子どものときに実行機能が低いと、大人になったときに、経済面はもちろんのこと、健康面、家庭面、犯罪面など、多岐にわたる影響を受けてしまうのです。

実行機能が高い子どもは、大人になったときに肥満や循環器系疾患で悩むことや、ニコチンや薬物に依存することが少なく、年収や社会的な地位は高く、犯罪を起こす確率が低かったのです。

もちろん、これは全体的な傾向に過ぎないので、必ずそうなることを約束するものではありません。それでも、子どものときの一つの能力が、これほど後の人生にさまざまに影

響することはなかなかありません。

こういう話を聞くと、お子さんをお持ちの方は、お子さんの実行機能がどの程度か、また、子どもの実行機能を伸ばすことができるのかという点が気になりますよね。ご安心ください。実行機能の測り方は第3章で、実行機能の伸ばし方については、第6章や第7章で詳しく見ていきたいと思います。

実行機能がなぜ肥満などにかかわるかについては、第1章と同じ理由なので、ここでは繰り返しません。ここでは、実行機能と学力の関係について見てみましょう。

## 紅白歌合戦と受験

実行機能と学力の関連については、私が中学生のときのエピソードを紹介しましょう。

私が高校受験に臨んでいたときのことです。「紅白歌合戦を見た人は志望校の入学試験に必ず落ちる」と、通っていた塾の講師が断言しました。視聴率低迷が叫ばれる紅白歌合戦ですが、その頃の視聴率は50％前後。中学生ともなれば流行の音楽が気にならないはずもありません。入学試験という一大事を目の前にした生徒たちは、この言葉を聞いて、一様に動揺し、当時流行していたｔｒｆのステージを視聴するかどうか、真剣に相談したものです。

入学試験が実施されるのが、年明けの2月から3月。12月から1月はいわゆる追い込みの時期で、ここで勉強に取り組むかどうかは、入学試験の結果に大きな影響を与えます。その大事な時期に、紅白歌合戦を見るのか、その誘惑に耐えて勉強に取り組むのか。「今日くらい、いいだろう」と考えて紅白歌合戦を見る生徒は、他の場面においても、目の前の誘惑に負けることが多いかもしれません。友達と遊びに行ったり、漫画を読んだり、ポケベル（現在で言えばLINEなどのSNS）を延々としたりして、勉強に取り組まないでしょう。一方、誘惑に打ち勝てる生徒は、他の場面でも、誘惑に抵抗し、勉強に励むことができるでしょう。このように、実行機能と学力は関係するのです。

ペンシルバニア大学のセリグマン博士らは、中学生においてIQと実行機能のどちらが半年後の学力と関係するかを調べました（文献2－12）。この研究では、IQの高さも半年後の学力に影響しましたが、実行機能のほうが、半年後の学力により大きな影響を与えたことが示されました。つまり、IQの高さも実行機能も重要なのですが、実行機能のほうが学力に与える影響が大きいということです。

以上の研究を見る限り、子ども期の実行機能が、大人になったときの健康面や学力に影響を与えるようです。

しかし、マシュマロテストのところで見たように、研究の信頼性の問題があるので、この研究成果が本当に正しいのかと疑いたくなるかもしれません。近年、ダニーデンの縦断研究とは異なる研究プロジェクトが、やはり実行機能が子どもの社会的成功に影響を与えることを示しています。イギリスの研究について簡単に見ていきましょう。

## イギリスの研究

イギリスでは、1958年・1970年・1990年・2000年に生まれた子どもたちを追跡する四つの大きな長期的な追跡研究が始まっています。1990年のものと2000年のものについては、まだ十分な成果が出ていないので、ここでは1958年のものと1970年のものを紹介しましょう。

バウマイスター博士らのグループは、ある1週間に生まれたイギリス各地の子ども1万7000人が、誕生時に加えて、幼児期、児童期、青年期、成人期に研究に参加し、どのような人生を歩むかを検討しました。特にこの研究では就労状況への影響が調べられています（文献2－13）。

具体的には、子どもが10歳前後のときの実行機能を、教師が評定しました。1958年・1970年のどちらの研究でも、教師が評定した結果から、子どもたちは、実行機能が高い群、中程度の群、低い群の三つに分けられ、それぞれの群の失業率を調べています。その結果、実行機能の違いによって、成人してからの失業率が、１―２％程度違うことが明らかになっています。実行機能が高い群は、中程度の群よりも、失業率が低く、中程度の群は低い群よりも失業率が低いということです。

この研究でも、子どものＩＱなどを総合的に評価しています。マシュマロテストとは異なり、ダニーデンとイギリスの研究から、子どもの他の能力や家庭環境を差し引いても、実行機能が将来にわたって重要であることが明らかになったのです。

## 日本の状況

ここまで、主に国外の研究から、自分をコントロールする能力、すなわち、実行機能が子どもの発達に重要な役割を果たしていることを見てきました。でも、外国の話ばかりで日本はどうかと思ったかもしれません。そのため、本章の最後に、日本の状況について考えてみたいと思います。

わが国にも、イギリスやアメリカとは規模や内容は異なりますが、いくつかの長期縦断研究があります。有名なものとしては、環境省による、化学物質などの環境中の有害物質が子どもの発達に及ぼす影響を調べるエコチル調査や、厚生労働省による21世紀出生児縦断調査などがあります。

しかし多くの調査で知能や子どもの社会性の発達は取り上げられているのですが、子どものときの実行機能と大人になってからの経済指標や健康指標との関係についての科学的に妥当な証拠は、現在のところ筆者が知る限りありません。

そもそも、日本では実行機能についての理解は十分ではないのが現状です。アメリカ出身の医学者の知人が、日本の学校や医療機関で働いているときに、大いに困惑していました。アメリカでは現在、実行機能の重要性が広く知られており、教育や子育てに生かそうという動きが広がっているので、日本でも同様だと思い込んでいたようです。ところが、実行機能を周りの教師や医療関係者は全く知らず、明らかにこの能力に問題を抱えている子どもに接していても、その問題に気付かないというのです。

筆者の感覚としても、実行機能という言葉は研究者の間では知られていますが、研究者以外の教師や保育士、行政の方々には通じないことがほとんどです。この言葉を文字通りに読んでみても、イマイチ意味はピンと来ないでしょう。

ただし、教師や保育士の方も、この能力に無関心であるわけではありません。私が以前勤めていた教育大学には、小中高の教師や特別支援学校で働く教師の方々が派遣されてきていましたが、なかにはこの能力に関心を持ち、研究をされている方もいました。

また、筆者が保育士や幼稚園教諭に実行機能の重要性を説明しに行くことがありますが、その際には私の話を熱心に聞いてくれる先生方も少なくありません。

最近は日本でも少しずつデータが集まりつつあり、わが国においても、子どものときの実行機能が、後の学力や人間関係に影響を及ぼすことが示されています。そのため、やはり日本においても実行機能は子どもの発達に重要だと考えていいでしょう。

## 本章のまとめ

本章では、実行機能が子どもの将来にとって重要であるという研究を紹介してきました。まとめると、以下のようになります。

・子ども期の実行機能は、大人になったときの経済状態や健康状態を予測する
・このことは、ニュージーランドやイギリスなどの長期縦断研究で示されている
・有名なマシュマロテストは疑問視されている
・わが国では、実行機能への関心は低い

第3章では、具体的にどのようなテストで実行機能が測定されるか、子ども期にどのように発達するかを見ていきます。

# 第3章　実行機能の育ち方

前章で、マシュマロテストでは子どもの将来を十分に予測できないこと、それでも、自分をコントロールする力である実行機能は子どもの将来を予測できることを紹介しました。なぜ、マシュマロテストを使った研究と使わなかった研究で違いが出てきたのでしょうか。

それは、マシュマロテストは実行機能を調べるための一つの方法ではあるものの、「マシュマロテスト＝実行機能」ではないからです。

つまり、マシュマロテストで調べられるのは実行機能のごく一部にすぎず、マシュマロテストでは測定できない実行機能も大事なようです。では、それはどのようなものなのでしょうか。

## 子どもに必要な二つの実行機能

ここまで区別をしてきませんでしたが、実は実行機能には2種類あります（文献3－1）。

再び会社組織における執行取締役を例にしましょう。一口に執行取締役といっても、役割は一つではありません。ある執行取締役は投機的な業務を担い、別の執行取締役は堅い本業を担うこともあるでしょう。最終的な責任をとるのが社長であったとしても、全ての

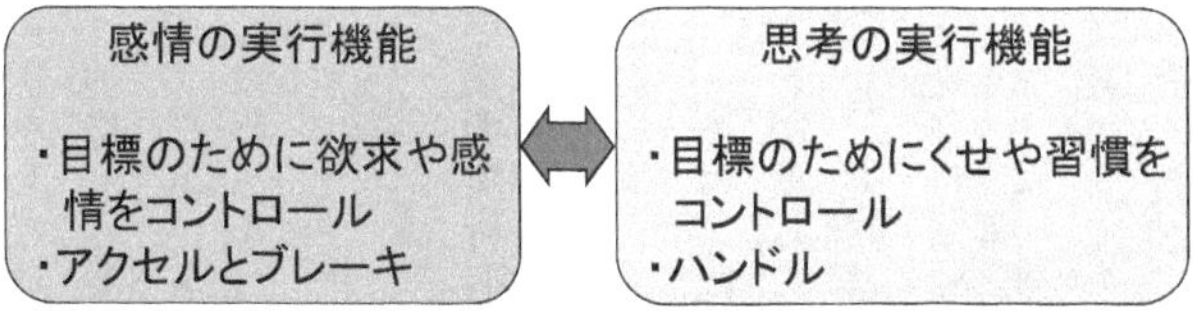


**図3**　感情の実行機能と思考の実行機能

業務を社長一人で担うのではなく、それぞれの執行取締役が分担して業務にあたります。

これと同様に、実行機能にも、感情面を担う実行機能と、思考面を担う実行機能があります。それぞれ、「感情の実行機能」、「思考の実行機能」と呼ぶことにしましょう（図3）。

まず、感情の実行機能から説明していきましょう。これは、本能的な欲求や感情をコントロールして、目標を達成する力です。たとえば、喉が渇いたときに水を、お腹が空いたときに食事を、買いたいものがあるときにお金を目にすると、私たちは今その瞬間に直ちに手に入れたくなります。その気持ちのままに直ちに手に入れてもいい場合もあれば、一時的に欲求をコントロールする必要がある場合もあります。

ダイエットをしている人には、体重を減らすという大きな目標があります。そのときに、食べ応えがあり、満足感を与えてくれるハンバーガーを目にすると、それを食べたい気持ちになるでしょう。ですが、目標を達成するためには、その気持ちを抑えて、サラダを食べる選択をしなければなりません。

他にも、既婚者が、円滑な結婚生活を送るという目的を達成するために、目の前にいる魅力的な人の誘惑に打ち勝つことも、感情の実行機能が必要な例です。

おわかりの通り、マシュマロテストは、感情の実行機能を測る方法の一つです。ですが、マシュマロテストは感情の実行機能の一部を測定しているに過ぎません。

**感情の実行機能の調べ方**

感情の実行機能の調べ方にもいくつかありますが、ここでは二つのテストについて紹介しましょう（文献3－2）。

一つは、贈り物テストです。これはとても簡単なテストで、部屋のなかに椅子とテーブルを用意して、子どもに入ってもらいます。実験者と子どもがテーブルをはさんで椅子に座り、実験者が子どもに贈り物を用意していること、でも、包装し忘れてしまっていることを告げます。

そして、実験者は、子どもに、包装をしたいけど、驚かせたいので、実験者に背を向けて座り、こちらを見ないように告げます。

そのあと、実験者がテーブルの上に贈り物を置き、わざと大きな音を立てて包装します。つまり、子どもが見たくなるようにしむけるのです。

このテストでは、子どもがプレゼントを見たいという気持ちを抑えることができるかどうかが調べられます。

もう一つは、ギャンブルテストです。これは、子どもの前に二つの箱を用意し、それぞれの箱にカードが入っています。カードには、「あたり」と「はずれ」があり、あたりのカードを引くと子どもにとって魅力的なシールがもらえ、はずれのカードを引くとシールをとられます。

二つの箱のうち、片方は「ローリスクローリターン」の箱です。あたりを引くとシールを1枚もらえ、はずれを引くとシールを1枚とられます。あたりが多いので、こちらの箱からカードを選び続けると最終的には多くのシールがもらえます。

もう片方は「ハイリスクハイリターン」の箱です。あたりを引くとシールを2枚もらえるものの、はずれを引くと、シールを5枚もしくは6枚とられてしまいます。あたりが少ないので、こちらを選び続けると、最終的に損をします。

このテストでは、一見すると「ハイリスクハイリターン」の箱のほうがたくさんシールをもらえそうなので、そちらを選び続けたいという気持ちになります。ですが、はずれも考慮すると、最終的にはとられる枚数のほうが多くなるので、多くのシールをもらうためにはローリスクローリターンの箱を選ぶ必要があります。

## アクセルとブレーキ

マシュマロテスト、贈り物テスト、ギャンブルテストは、いずれも感情の実行機能を調べるテストです。これらに共通する仕組みについて自動車のアクセルとブレーキの関係にたとえて説明してみましょう。

マシュマロテストでは、マシュマロが好きであり、今すぐにでもマシュマロを手に入れたいという欲求があります。アクセルとブレーキの関係で言えば、アクセルと言えるでしょう。

もう一つの側面がブレーキであり、マシュマロを手に入れたいという衝動や感情をコントロールする側面です。マシュマロを手に入れたいという気持ちを抑える働きのことです。大雑把に言えば、感情の実行機能は、アクセルとブレーキの関係で決まります。

贈り物テストでは、プレゼントを見たいという気持ち、ギャンブルテストでは、シールをたくさん得たいという欲求がアクセルであり、一方でその欲求を抑えるブレーキがあるわけです。

生まれたばかりの赤ちゃんであっても母乳やミルクを欲しがることから、アクセルは、生まれつき持っていると考えられます。一方、ブレーキについては、赤ちゃんにはほとんどありません。幼児期頃に備わり、その性能が年齢とともに向上することがわかっています。

実は、私たちの脳のなかにアクセルとブレーキに対応する仕組みが存在します。この点は次章で紹介します。

**複数のテストを使うわけ**

このように、マシュマロテストだけではなく、感情の実行機能を調べるために複数のテストが使われます。そして、子どもの感情の実行機能は、これらのテストの合計点のような形で表されます。

マシュマロテストだけであっても、三つのテストを使っても、似たようなものではないかと思ったかもしれません。マシュマロテスト一つだけでは十分ではない理由は、テストに参加した子どもの好みに大きく影響されるからです。たとえば、マシュマロを使った場合に、当然のことながらマシュマロを好きな子どももいればそうではない子どももいます。

感情の実行機能をアクセルとブレーキの関係で説明しましたが、マシュマロがあまり好きではない人は、それをほしいという衝動や欲求がないわけですから、容易にブレーキで抑えることができます。

一方、マシュマロが大好きな人はアクセル全開になってしまいやすいわけですから、ブレーキで抑えることが難しくなります。

つまり、マシュマロテスト一つだと、マシュマロを好きかどうかによって結果が大きく影響を受けるので、実行機能をしっかりと調べられないのです。

さまざまなテストを用いることで、マシュマロなどの特定の好みに依存しない感情の実行機能を調べられるのです。

## 子どもはいつ待てるようになるのか

このような感情の実行機能のテストで、子どもはいつ頃から待つことができるようになるのでしょうか。この点については非常に多くの研究がなされています。

総じて、2歳以下の子どもは目の前に魅力的なお菓子や食べ物があると、待つことはできません。筆者の娘も、1歳後半のときには、大好物のブドウが目の前にあると、1秒も待つことができずに、手を伸ばしていました。2歳以下の子どもには、感情の実行機能は備わっていないのです。

2歳頃から少しずつ待てるようになり、3歳、4歳になると待つことができる時間が著しく延びます。ストラスブール大学のスティーランド博士のグループは、クッキーを2枚得るために目の前にあるクッキー1枚への欲求をどれだけコントロールできるかを調べました。その結果、2歳児は1分待つことができればよいほうで、3歳では2分程度、4歳では4分以上待つことができるようになることが示されています（文献3－3）。このようなテストでは、5―6歳頃には10分待つことができる子どもも増えてきます。これ以外にも、多くの研究から、幼児期に感情の実行機能が発達することが確認されています。

なぜ2歳児や3歳児は長い間待つことができないのに、5歳児や6歳児は待つことができるのでしょうか。これには、大きく二つの理由があります。

一つは、当然のことながら、欲求を抑える力そのものが発達することです。先ほどの自動車の例で言うと、ブレーキの性能そのものが2歳児よりも3歳児、3歳児よりも4歳児のほうが高くなります。そのため、食べ物などに対する欲求をうまく抑えられるようになります。

ですが、より重要なのは、欲求を抑えるための工夫ができるようになることです。2歳児や3歳児は直接的に欲求や感情を抑えつけようとしますが、実際にはこの方法はあまりうまくいきません。大人でもそうですが、感情や欲求を抑えつけようとすればするほど、むしろその感情を意識してしまって難しいものです。5歳児や6歳児になると、長く待つために自分なりの工夫をするようになるのです。

### 子どもの工夫

マシュマロテストでは、2歳児や3歳児はマシュマロを見て、その美味しさについて考えてしまうと、待つことができなくなります。どうしてもマシュマロの美味しさを考えてしまうため、なかなか誘惑に勝つことはできません。

一方、5—6歳児は、マシュマロの誘惑に負けないようにいろいろと工夫をします。最も簡単な方法は、マシュマロを見ないという方法です。魅力的なマシュマロから目をそらすことで、マシュマロのことを忘れようとするのです。

このような簡単な方法でもかなり効果的ですが、よりレベルの高い方法を使う子どももいます。その一つが、想像力です。子どもは自分の想像力を働かせて、マシュマロの形は雲と似ているな、などと考えると待てる時間が長くなります。これは、マシュマロの美味しさから注意がそれるためです。子どもはその想像力を駆使して、空想上の友達を作り出すことすらあります（拙著『おさなごころを科学する：進化する乳幼児観』参照）。

また、何か別の楽しいことを考えると、マシュマロテストで待つことのできる時間が長くなります。たとえば、マシュマロテストの後に大好きな電車を見に行くことになっている場合、電車のことを考えると、待てる時間は長くなります（文献3－4）。

5―6歳児は、誰に教えられることもなく、自分なりに待つ時間を長くする方法を編み出します。このような工夫を経て、幼児期に感情の実行機能は著しく発達します。

## 小学生は？

2―3歳から5―6歳への変化はとても大きいのですが、もちろん、5―6歳で発達が終わるわけではありません。小学校の低学年と高学年では学校での落ち着き具合がだいぶ異なることからもわかるように、感情の実行機能は小学生の間にも成長が続きます。

たとえば、今日もらえる安いチョコレートと、明日以降にもらえる高価なチョコレートのどちらを子どもが選択するかを調べた研究があります。この研究では、ミシェル博士らが以下のような選択肢を提示し、小学生がどちらを選ぶかを調べました（文献3－5）。

・今日もらえる安いチョコレート　vs.　明日もらえる高級なチョコレート
・今日もらえる安いチョコレート　vs.　5日後もらえる高級なチョコレート
・今日もらえる安いチョコレート　vs.　1週間後にもらえる高級なチョコレート

・今日もらえる安いチョコレート　vs.　2週間後にもらえる高級なチョコレート
・今日もらえる安いチョコレート　vs.　4週間後にもらえる高級なチョコレート

筆者の個人的な意見としては、明日、高級なチョコレートをもらうよりは、安くても今日チョコレートをもらうほうが嬉しいような気もしますが、小学生はどちらを選んだのでしょうか。

面白い結果が得られています。小学校3年生までの子どもは、先に述べた二択を与えられた場合、どの二択であっても、今日もらえるチョコレートを選びます。つまり、高価なチョコレートであっても、明日以降になるくらいなら、今日安いチョコレートをほしいというものです。

一方、小学校4年生以降になると、高級なチョコレートを選びます。ただし、小学校4―6年生でも、4週間待たなければならない場合は、今日もらえる安いチョコレートを選ぶ子どももいます。

このように、小学生の間にも感情の実行機能は大きく成長します。

先に、5―6歳児も欲求をコントロールするためにいろいろと工夫をすることは述べましたが、小学生はより洗練された工夫をします。小学生がよく用いる工夫が、「もし……

したら、○○になる」という考え方です。たとえば、「もし私が今ベルを鳴らしたら安いチョコしか食べられないけど、もし私が欲求に耐えられれば高いチョコが食べられる」というように、学校教育を受けて、論理的な考え方ができるようになるのです。

## 思考の実行機能

次に、もう一つの実行機能である思考の実行機能について説明していきましょう。感情の実行機能と異なり、思考の実行機能には欲求や衝動がかかわりません。こちらの実行機能の大事な働きは、ついつい無意識的にやってしまう行動、習慣、くせなどをコントロールすることです。

私たちは、一つ一つの行動を意識してやっているわけではありません。テーブルの上にあるコップをとろうとするとき、どちらの手を伸ばすか、どのくらい手を伸ばすか、などをいちいち考えることはないでしょう。右手のほうが近ければ、無意識的に右手でコップをとります。

ですが、あるとき、右手を怪我していて、コップをつかめないとします。このような場合には、ついつい無意識的にやってしまいがちな右手を伸ばすという行動を抑えて、左手でコップをとる必要があります。このように無意識の行動を制御することに思考の実行機能がかかわっています。

もう一つ例を挙げてみましょう。職場からの帰り道、いつもであれば、職場を出て右に曲がるとします。ところが、途中でケーキを買って帰るために、職場から出て左に曲がる必要があるとします。この場合、ぼんやりと職場から出てしまうと、右に曲がってしまうかもしれません。今日はケーキ屋に行くんだという目標を達成するために、習慣となっている行動（右に曲がる）を抑え、別の行動（左に曲がる）をする必要があるのです。

このように、この思考の実行機能は、新しい状況や、いつもと違う状況などによって必要となってくるのです。

二つの実行機能の違いは、感情の実行機能が欲求を抑える能力であるのに対して、思考の実行機能には欲求が関係せず、ついついしてしまう行動を抑える働きが重要であるという点です。

**思考の実行機能の基本要素**

思考の実行機能には、二つの基本要素があります（文献3－6）。一つは、その状況で必要とされる目標を保ち続けることです。

実行機能は、目標にむかって自分の行動をコントロールする能力でした。目標を達成するために必要な能力なので、目標を見失わずに保ち続けることは極めて重要なのです。

たとえば、先のケーキ屋の例で言うと、「ケーキ屋に行く」という目標を忘れてしまった場合、習慣となっている行動（右に曲がる）をとってしまいます。目標を定め、その目標を持ち続けることによって、目標を達成できるのです。

二つ目の要素は、いくつかの選択肢から、一つの行動を優先するということです。特に、選択されやすい行動と選択されにくい行動があった場合に、必要に応じて選択されにくい行動を優先するということです。

ケーキ屋の例で言うと、右に曲がるという選択肢と左に曲がるという選択肢があり、日頃の習慣によって右に曲がるという選択肢のほうが選択されやすくなっています。このような状況のなかで、左に曲がるという選択肢を優先する働きが必要になってきます。

目標を保つこと、ある選択肢を優先させること、この二つが最も基本的な働きとなります。

これらの働きは、以下のような簡単なテストで測ることができます（文献3－7）。白いカードと黒いカードをご用意ください。このテストでは、子どもは白いカードと黒いカードを見せられ、白いカードを提示されたら「黒」、黒いカードを提示されたら「白」と答えるように指示されます。

子どもは、白いカードには「白」、黒いカードには「黒」と反応しやすいのですが、このテストに正解するためには、「白いカードには『黒』、黒いカードには『白』と答える」という目標を保ち続けなければいけません。これが一つ目の働きです。

また、白いカードに対して、「白」「黒」という2種類の反応をする選択肢があるのですが、「白」と答えることよりも、より難易度の高い「黒」と答えることを優先しなければなりません。これが二つ目の働きです。

この点を踏まえたうえで、思考の実行機能の重要な要素だと筆者が考える頭の切り替えについて見ていきたいと思います。

## 頭の切り替え

私たちは、状況によって頭を切り替えないといけません。飛行機で大阪から東京への移動を考えていたにもかかわらず、空港が何らかの理由で閉鎖した場合、私たちは頭を切り替えて、陸路での移動を考えなければなりません。このとき、飛行機での移動に頑固に執着してしまうと、東京に着くという目標を達成するのは困難になってしまいます。

別の例で、日本語と英語をしゃべる人を考えてみましょう。この人は、日本人と会話をするときには日本語で、アメリカ人と会話するときは英語で、というように、会話をする相手によって言葉を切り替えます。「相手とコミュニケーションをとる」という目的のために、日本語をしゃべるという活動と英語をしゃべるという活動を切り替える能力です。

このように、行動や活動の切り替えが、思考の実行機能の重要な役割です。感情の実行機能がブレーキやアクセルであるのに対して、思考の実行機能はハンドルの役割です。自動車では、ハンドルはある道から別の道に切り替えたり、ある車線から別の車線に切り替えたりするためにありますが、思考の実行機能はある行動から別の行動に切り替えたり、頭を切り替えたりするときに重要な役割を果たします。

## 切り替えテスト

思考の実行機能を調べる切り替えテストについて紹介しましょう（文献3－8）。このテストは、これ以降にも頻繁に出てくるので、しっかりと理解してください。

このテストでは、子どもはあるルールのもとにゲームを行うのですが、途中でゲームのルールが変わります。その際に、子どもはルールの変化に応じて、頭を切り替えられるかを調べます。

このテストでは、図4のような標的カードと分類カードを使います。標的カードと分類カードでは色と形の組み合わせが違います。

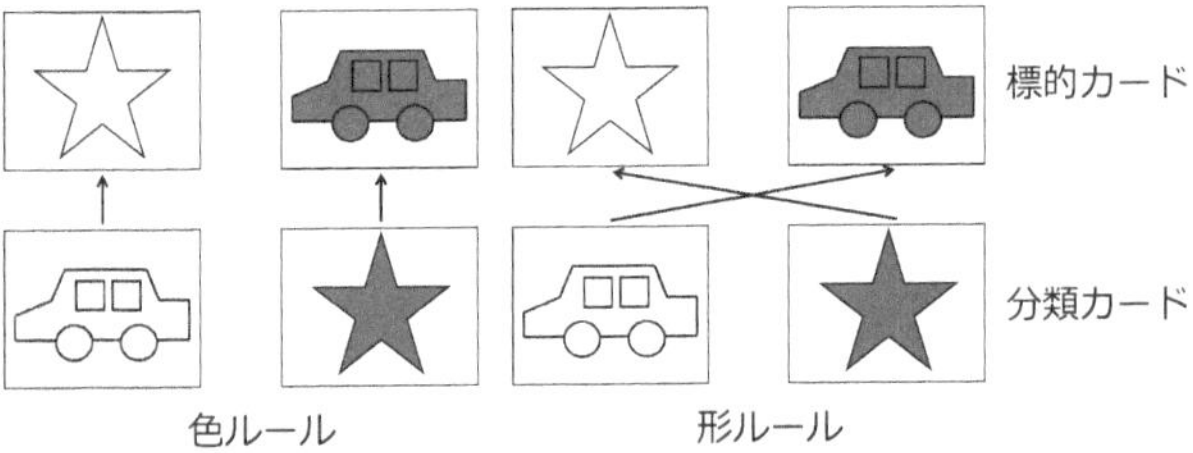


**図4**　切り替えテスト

子どもは、実験者の指示に従って、分類カードを標的カードのところに分けていきます。ここでは、まず、子どもは分類カードを同じ色の標的カードのところに分けるように指示されます（色ルール）。この場合、「白い車」は「白い星」のほうへ、「黒い星」は「黒い車」のほうへカードを置かなければなりません。これを6回程度繰り返します。子どもは、この第1段階で正しくカードを分けることができたら、第2段階に進みます。第2段階では、子どもは第1段階とは異なり、分類カードを同じ形の標的カードのところに分けるように指示されます（形ルール）。つまり、参加者は「白い車」は「黒い車」のほうへ、「黒い星」は「白い星」のほうへ分けなければなりません。

このテストでは、同じ色のところにカードを置くというルールが、途中で、同じ形のところにカードを置くというルールに切り替わった際に、対応できるかどうかが調べられます。

途中でルールが変わるため、古いルールを忘れて、頭を切り替えて、新しいルールに従わないといけません。このテスト自体は子ども向けなので大人にとっては難しくありませんが、ルールを複雑にすると、大人でもルールを切り替えることが難しくなります。

## 思考の実行機能はいつ発達するのか

思考の実行機能も、感情の実行機能と同じ時期に発達します。国内外の多くの研究から、前記の切り替えテストでは、3歳頃までは、ルールの切り替えが極めて難しいことが報告されています。

たとえば、第1段階において、分類カードを色で分けるように指示されると、3歳の子どもでも正しくカードを分けることができます。つまり、ルールを理解すること、ルールに従って行動することはできるのです。ところが、色でカードを分けた後に、同じカードを形で分けるように指示されると、正しくできません。形でカードを分けるように指示されているにもかかわらず、色でカードを分けてしまうのです。

つまり、最初に使ったルールを使い続けてしまい、新しいルールに切り替えることができません。4歳頃になると、少しずつ切り替えができるようになり、5歳頃になるとほぼ正しくルールを切り替えることができるようになります。

ただし、5歳で発達が終わるわけではありません。これまでは、子どもは、第1段階では色ルール、第2段階では形ルール、というように、ある段階においては、色ルールと形ルールのどちらか一方を使えばよかったのです。ところが、少し難しくして、第3段階として、色ルールと形ルールの両方を使うようにしてみましょう（文献3－9）。

つまり、第1段階では色ルールでカードを分け、第2段階では形ルールでカードを分けていたのですが、第3段階では、色、形、形、色、形のように、1回ずつ異なったルールを使わなければならないようにします。こうなってくると、5歳児でもお手上げです。柔軟にルールを切り替えることができなくなります。

つまり、5歳頃までにルールを切り替えること自体はできるようになります。アクセルやブレーキと同様に自動車でたとえると、ハンドルの操作の仕方を覚えるのです。その意味で、この時期の発達はとても重要です。ところが、ハンドルの操作の仕方を覚えたところで、すぐにハンドルをうまく使えるわけではありません。

ある交差点では右に、別の交差点では左に、というように柔軟に切り替えられるようになるのは小学生になってからです。

**前もって？　それともその場しのぎ？**

思考の実行機能が著しく発達する3歳から6歳頃までにどのような変化が起きているの

でしょうか。

さまざまな変化が見られるのですが、一例として、5歳児や6歳児は、3歳児や4歳児と比べて、前もって切り替えの準備ができるという点を挙げたいと思います（文献3－10）。わかりやすい例で考えてみましょう。

車を運転し、慣れない道を走りながら回転寿司のお店を見つけようとしているとします。近頃の回転寿司のお店は、お寿司だけでなく、丼ものや麺類も充実しており、子どもも楽しんでくれますよね。筆者もよくお世話になっています。

最近はカーナビゲーションシステムが発達していますが、何の具合かカーナビゲーションシステムがうまく作動しておらず、自力で目的地に着かねばならないとしましょう。

このとき、お店の700メートル前に回転寿司の看板が出ているとします。私たちはこの看板を見ることで、もう少し車を走らせたらお店があることがわかり、ハンドルを切るための心の準備ができます。

700メートル走らせると、回転寿司のお店が見えてきました。心の準備をしていたので、私たちは難なく目的地に着くことができます。

ところが、この看板がないと、回転寿司のお店がいつ出てくるか予想できず、ハンドルを切るための心の準備ができません。

そのため、回転寿司のお店の側を通り過ぎる直前に気づいたのでは、ハンドルをうまく切ることができずに、お店を通り越してしまいます。筆者は車を運転しているときに、よくこのようなミスをしてしまいます。Uターンをしている間に駐車場が満車になり、同乗者からの不満が爆発したりします。

## 前もって準備ができる5―6歳児

何の話かと思われるかと思いますが、私たちは突発的に起こったことに対して、思考の実行機能を発揮することは難しいのです。一方、あらかじめ準備していたら、比較的容易に思考の実行機能を使うことができます。

5歳児や6歳児は、前もってハンドルを操作するための準備ができます。計画的に切り替えられるとも言えます。看板が出てくると、「あ、準備しなきゃ」と思えるのです。一方、3歳児や4歳児は、前もって予想することができません。看板の意味がわからないため、お店の近くに来た時点で、「あれ、ハンドルを切るんだっけ」と考えるようです。つまり、前もって準備をできず、切り替えたほうがいいかどうかを場当たり的に考えるのです。このような仕方だと、切り替えに失敗することが多くなります。

このことを、切り替えテストに戻って考えてみましょう。5歳児や6歳児は、色ルールでカードを分けるように指示されると、実験者にカードを渡される以前から色ルールで分けることを頭のなかで準備します。そのため、カードを渡された際にも、スムーズにそのルールに従って分けることができます。

一方で、3歳児や4歳児の場合は、カードを渡されるまでルールについて考えることができません。実験者にカードを渡されてから、どのルールでカードを分けるべきか考え始めます。そのため、色だったか形だったか混乱してしまい、正しくカードを分けることができないのです。

## 思考の実行機能のゲーム

それでは、子どもの思考の実行機能をチェックしてみましょう。私たちがオンライン上で前記の切り替えテストを用意しています。ご興味がある方は、こちらをやってみてください。以下のURLからリンクします。スマートフォンでやってください。http://hsmic-haspsy-lab.sakura.ne.jp/dccs/dccs.html

このゲームは、保護者の方と一緒にやってもらいます。まず、スマートフォンの使用になれているかを確認するために、形や色を合わせるだけの練習があり、その後に、切り替えテストが表示されます。

「いろ」で始まる場合と、「かたち」で始まる場合がありますが、ここでは「いろ」で始まる場合について紹介しましょう。この場合、「いろ」でカードを分けるゲームが6回あり、その後「かたち」で分けるゲームが6回あります。その後、「いろ」も「かたち」も使うゲームが10回あります。

私たちのデータによると、「いろ」で始まる場合、「いろ」で分けることは3歳でも容易で、ほぼ正解します。「いろ」の後に「かたち」で分ける場合、ほぼ全問正解かほぼ全問不正解に分かれ、全問正解する割合は3－4歳で6割程度、5－6歳で8割程度となっています。

**チェックテスト**

最後に、お子様をお持ちの方や、保育者の方が簡単にできるチェックテストを紹介しましょう（表2）。このチェックテストでは、自分をコントロールする力の一部を調べられます。興味を持たれたらぜひやってみてください。

すべてのチェック項目を、最近6ヵ月間において、お子さんの行動に「1．全然あてはまらない」から「7．非常にあてはまる」までの7段階で評価してみましょう。全部で13項目あります。

● 言われれば、声を落とすことができる
● 「ダルマさんがころんだ」のような遊びが上手である
○ 指図になかなか従えない
● 旅行や遠足に必要なものを考えて準備をすることができる
● 待ちなさいと言われれば、新しい遊びに入るのを待つことができる
○ なかなか並んで順番を待てない
○ 映画館や教会などでじっとすわっているように言われてもなかなかできない
● 笑ったり、にやにやしてはいけないとき、こらえることができる
● 指示によく従う
● 危険だと言われた場所にはゆっくり、慎重に近づく
○ 道路を横切るとき、あまり注意深く慎重ではない
● 「ダメ」と言われると、していることをすぐにやめられる
● してはいけないと言われると、たいていその言いつけを守れる

以下の式に入れて、お子様の実行機能をチェックしてみましょう
●の合計得点＋(32－○の合計得点)＝全体得点
全体得点÷13＝得点

**表2** チェックテスト（文献3－11より）

得点はどれくらいになったでしょうか。このチェックテストでは、得点が高ければ高いほど、実行機能が高いということになります。一度やってみて、低いからといってやり直しをしてはダメです。最初の得点を見てみてください。

2002年の日本国内のデータによると、就学前の男の子は4・6－4・9点くらい、女の子は4・8－5・3点くらいが平均得点です（文献3－11）。

このチェックテストはあくまで目安なので、お子様の得点が低いからといってすぐに問題があると

いうわけではありません。非常に厳しく評価する親もいれば、子どもに甘くつける親もいるでしょう。相対的にお子様の実行機能が高いかどうかの目安にしていただければと思います。

**本章のまとめ**

・実行機能には、感情の側面と思考の側面がある
・感情の実行機能は、目標のために欲求や衝動を制御する能力
・思考の実行機能は、目標のために習慣やくせを制御する能力
・両者ともに、幼児期に著しく発達し、児童期には緩やかに発達する

では、なぜ実行機能は子ども期に変化するのでしょうか。その答えは、子どもの脳の発達にあるようです。次章では、この点を説明していきます。

# 第4章　自分をコントロールする仕組み

第3章では、感情の実行機能と思考の実行機能は、どちらも幼児期から児童期頃までに発達することを見てきました。このような変化はなぜこの時期に起こるのでしょうか。第4章では、このような変化を引き起こす脳内の仕組みについて見ていきます。

**前頭葉**

最近では、テレビや新聞、インターネットの記事などで、脳に関する話をよく見かけるようになりました。「脳科学に基づく記憶術」「○○をすると脳が若返る」「男女の違いは脳にある」などの多くは科学的根拠が乏しいのですが、脳研究の進展によって一般にも浸透してきたということでしょう。ここでは、実行機能に関係のある脳の話をしていきます。

私たちの脳の表面にある大脳皮質は、前頭葉、頭頂葉、側頭葉、後頭葉の四つの領域から構成されています。このなかでも、実行機能と最もかかわりのある脳領域は、前頭葉です。

前頭葉の重要性は事故などで損傷した患者から示されました。最も有名な患者は、フィニアス・ゲージという人物です。この患者は、19世紀の鉄道労働者でした。もともとは、非常に責任感が強く、親しみやすい人物だったそうです。ところが、仕事中に事故に巻き込まれ、鉄の棒が頭を貫通してしまいました。何とか一命をとりとめたものの、前頭葉の一部の領域が損傷されてしまったのです。

事故の後、この患者の心に大きな変化が生じました。最も大きな変化は、自分をコントロールすることができなくなったという点です。とても思慮深かったこの男性は、感情を抑えることができず、同僚への気配りもほとんどできなくなってしまいました。このような事例から、前頭葉の働きに注目が集まるようになりました。

その後の研究で、一部の前頭葉損傷患者は、第3章で紹介したような切り替えテストが苦手であることが示されました。第3章で紹介したテストは子ども向けなので、大人ではもう少し難しいものを用いますが、このようなテストで、前頭葉を損傷した患者は、ルールを切り替えることができません。

このような研究結果から、前頭葉は、自分をコントロールする能力である実行機能の中枢であることが指摘されるようになりました。前頭葉にもさまざまな領域があるのですが、前頭葉の前方に位置する前頭前野が、特に実行機能に重要な役割を果たしています。この前頭前野を中心にして、さまざまな脳領域が活動することで実行機能が成立しています。

## 感情の実行機能の仕組み

感情の実行機能と思考の実行機能に分けて、具体的に脳内機構を見ていきましょう。第3章で見てきたように、感情の実行機能には、アクセルとブレーキの二つの側面があります。食べ物など自分にとって価値があるものを見たときの欲求に該当するのがアクセル、アクセルの働きを抑えるのがブレーキでした。面白いことに、私たちの脳内に両者に対応する働きがあります。

ピッツバーグ大学のコーエン博士らの研究では、大人を対象に、二つの選択肢を与えた際の脳活動を計測しました（文献4-1）。一つはすぐにもらうことができる、金銭的には少ない選択肢です。たとえば、今日もらえる1000円だとしましょう。もう一つの選択肢は、すぐにはもらえないけれども、金銭的には多い選択肢です。たとえば、1週間後にもらえる2000円だとしましょう。

すぐにもらえる1000円を選んだ場合、アクセルの働きをブレーキが止められなかったと見なすことができ、1週間後にもらえる2000円を選んだ場合はブレーキで止めることができたと考えることができます。

この研究の結果、すぐにもらえる選択肢、つまり、アクセルが強い選択をする場合には腹側線条体や内側前頭前野などの脳領域が活動し、一方、少し待つ選択肢、つまり、ブレーキが利いている選択をする場合には、外側前頭前野などの領域が活動することが明らかになりました。厳密には他のさまざまな脳領域も活動していますが、ここではこれらの領域に焦点をあてて解説しましょう。

## アクセルの仕組み

まず、アクセルと関係の強い腹側線条体という領域は、報酬系回路と呼ばれる脳内機構の一部です。この回路は、脳の深いところにある腹側被蓋野と呼ばれる領域から、腹側線条体を経て、前頭前野などの領域に至るまでの領域を含みます。

報酬系回路は、食べものを食べたり、セックスをしたりするなどの本能的行動をするとき、もしくは予想するときに活動します。これらの行動は、生物が生き残るためには重要ですよね。食べ物を食べないと死んでしまいますし、セックスをしないと子孫を残すことができません。私たちはこれらの行動に快楽を感じるため、積極的に何度もしようとします。

特に、これらの回路は、自分にとって価値があるものに対して活動します。天下一品のようなこってりしたラーメンを好きな人もいれば苦手な人もいます。こってりしたラーメンが好きな人の脳内では、こってりしたラーメンを目にしたときには腹側線条体などの報酬系が強く活動していますが、こってりしたラーメンが苦手な人の脳内では報酬系は強く活動していないことになります。

最近では、本能的な行動だけではなく、金銭を得ることや、他人によって褒められることにも報酬系は活動することが示されています（文献4－2）。たしかに、お金を得ることは嬉しいことですし、他人に褒められれば、悪意を感じない限りは悪い気はしません。一方で、種々の薬物もこの報酬系に作用することが示されています。それらの薬物を断つことが容易ではないのは、脳の報酬系回路を刺激するからなのです。

## ブレーキの仕組み

次はブレーキに関する脳内機構について紹介しましょう。

ブレーキは、前頭前野の外側の領域である外側前頭前野が中心になります。これらの領域の主な役割は、他の脳領域の活動を抑制したり、調整したりすることです。つまり、外側前頭前野は報酬系回路の活動をコントロールします。

たとえば、食事の場面を考えてみましょう。今日の晩御飯は外で食べることにしました。筆者はラーメンが好きなのでラーメンの話ばかりになってしまいますが、大盛りのこってりしたチャーシュー麺を食べるか、それとも、野菜がたっぷりのサラダを食べるかの二択があったとします。

前者は、自分にとって快楽をもたらしますが、脂質も多く、肥満につながります。短期的な利益になる選択肢と言えるでしょう。一方、後者は、自分にそれほど快楽をもたらしてくれるわけではありませんが、健康にはいい食べ物です。長期的な利益になる選択肢と言えるでしょう。

チューリッヒ大学のハレ博士らによって、こういう場面において、長期的に利益になる選択をした場合、ブレーキである外側前頭前野が報酬系回路の活動を抑えることが示されています（文献4－3）。つまり、チャーシュー麺を食べたいという気持ちを、前頭前野が抑止しているのです。まさにブレーキによってアクセルの働きが抑えられているようです。

## ストレス

ブレーキの働きに関連する前頭前野ですが、実はこの脳領域は、ストレスの影響を受けやすいことが知られています。ストレスでブレーキが利きにくくなるのです。

たとえば、皆さんがとても大変な仕事をしているときを思い浮かべてください。ストレスがかかり、精神的に追い詰められています。

そのようなとき、ついつい、普段は手を出さないようにしているビールやケーキに手を出してしまうことはないでしょうか。ストレスがかかったときのドカ食いも、ストレスによって前頭前野が働きにくくなり、その結果として目の前の報酬である食べ物に手を出しやすくなったことが一因です。

前頭前野にある神経細胞は、お互いにさまざまな物質(神経伝達物質)をやりとりしています。そのなかでも、ドーパミンやノルアドレナリンという物質は、前頭前野が機能するのに重要な役割を果たしています。

これらの物質が多すぎても少なすぎても、前頭前野はうまく働きません。適度な量が必要なのです。そして、ストレスを受けるとドーパミンやノルアドレナリンの量が前頭前野で増えすぎてしまいます。その結果として、前頭前野の働きが悪くなってしまいます。このような仕組みで、ストレスが前頭前野の働きに影響を与えてしまいます(文献4－4)。

実行機能の発達という点で重要なのは、ストレスを度々経験した環境で育つと、前頭前野の発達に悪影響があることです。この点は第6章でまた触れたいと思います。

## 思考の実行機能の仕組み

ブレーキとかかわるのが外側前頭前野でしたが、外側前頭前野は思考の実行機能にも重要な役割を果たしています。ここからは思考の実行機能の脳内機構を紹介しましょう。

思考の実行機能には、外側前頭前野と頭頂葉の一部領域から構成される中央実行系回路が重要な役割を果たしています。これらの脳領域が協調して活動することによって思考の実行機能を支えています。

たとえば、ある研究では、大人を対象に、第3章で紹介した切り替えテスト（大人版）の際の脳活動を計測しました（文献4－5）。復習しておくと、この課題では、色や形などのルールによって、カードを分けなければなりません。

その結果、ルールを切り替える際には、外側前頭前野と後部頭頂葉などの中央実行系回路の主な領域が強く活動することが示されています。

詳しく見てみると、外側前頭前野のなかでも役割分担があります。たとえば、外側前頭前野の一部はこのテストに必要な情報を覚えておくという目標の保持の役割がありま す。切り替えテストにおいては、今どのルールでカードを分けるべきかという情報（たとえば、色ルール）を覚えておく必要があります。

外側前頭前野の別の領域は、色から形への切り替えなどにおいて重要な役割を果たすのです。

これらの領域が、協調して活動することによって、思考の実行機能を担っているのです。

## 前頭前野の育ち

これまで見てきたように、感情の側面であれ、思考の側面であれ、実行機能には、前頭前野が重要な役割を果たしているようです。そのため、実行機能の発達には、前頭前野の発達が深く関連しています。では、前頭前野はいつ、どのように発達するのでしょうか。その点についてまず見ていきましょう。

脳を構成する神経細胞は出生後には、一部の領域を除いて、基本的には増えません。脳の発達とは、脳を構成する細胞が増えることではないのです。

それでは、脳が発達する際に、何が起こっているのでしょうか。現在ではいくつかの仕組みがあることがわかっています。

重要なのが、神経細胞同士のつながりです。脳は神経細胞同士がさまざまにつながって、ネットワークを形成しています。このネットワークが、生後の経験によって、変化していきます。

生まれたばかりの赤ちゃんの脳において、神経細胞は、周りにある多くの他の神経細胞と広範なネットワークを作ります。近いもの同士でつながりを作るのです。一度そのようなネットワークを形成した後に、生後の経験を経るなかで必要なネットワークだけ残していきます。つまり、最初はあちこちにネットワークを張り巡らせて、ピークに達した後は特定のネットワークだけ残していきます（文献4－6）。

イメージとしては、言葉の発達がわかりやすいかもしれません。世界的によく知られていることですが、日本人の大人は、LとRの区別ができません。Fried Rice（チャーハン）とFried Lice（焼いたシラミ）の区別ができないなどの笑い話があるくらいです。

ところが、実は、生後6ヵ月くらいの日本人の赤ちゃんは、LとRの区別が容易にできます。赤ちゃんは、自分が生まれてくるところを選べないため、生まれた直後はどの言葉にも対応できるようになっているようです。日本人であればその後日本語を聞き続けることで、1歳前くらいにLとRの区別ができなくなります（文献4－7）。

生まれて数ヵ月間は、言葉を聞くことによって、英語や日本語、アラビア語にも対応できるようなネットワークを形成します。まずは広範なネットワークを作るのです。その後に、日本語を聞くという経験を積むことで、他の言葉のネットワークは不要となり、日本語に対応する脳のネットワークだけを残していくのです。

このようにして、子どもは年齢とともに、育つ環境に合わせた効率の良い脳内ネットワークを作っていくのです。

脳内ネットワークの変化が起こる年齢は脳領域で異なるのですが、アクセルにかかわるような報酬系回路は比較的発達が早く、ブレーキや思考の実行機能にかかわる外側前頭前野や頭頂葉は発達するのに長い時間がかかります。前頭前野の発達は、青年期でもまだ終わっていません（文献4－8）。

このように、前頭前野がしっかりと働くようになるのは、青年期から成人期にかけてということになります。

## 前頭葉の働きの芽生え

実は、数十年前までは、前頭葉は子どものときには働いていないと考えられていました。これは、前述のように、前頭葉が、青年期や成人期頃までに十分に出来上がっていないことが示されているためです。ですが、最近の研究は、赤ちゃんの頃から、前頭葉が働いていることを示しています。

第1章で紹介した、動物向けの実行機能テストを思い出してください。それと同じテストを使って赤ちゃんの前頭葉の働きを調べます。このテストでは、不透明なコップを二つ赤ちゃんの前に並べて、コップの片方（コップA）に玩具を隠します。9ヵ月くらいの赤ちゃんであれば、隠された玩具を正しく探すことができます。これを数回繰り返します。その後、今度は、もう一つのコップ（コップB）に玩具を隠します。隠した後に、10秒程度、赤ちゃんを待たせてみましょう。その後に、赤ちゃんに探索させてください。

このテストで、9ヵ月頃の乳児はコップAを探してしまいますが、12ヵ月くらいになると正しくコップBを探すことができるようになります。

このテストには、コップAを探した後にコップBを探すことに切り替える能力が必要となります。思考の実行機能の種のようなものです。

このような発達に、前頭葉の働きがかかわっていることが明らかになっています。この研究が行われた当時、赤ちゃんの脳活動を調べるための方法は十分でなかったので、サルを用いて研究を行いました。この研究では、イェール大学医学大学院のゴールドマンラキッチ博士らのグループが、健常なサル、外側前頭前野を切除したサル、頭頂葉を切除したサルがこの課題で正しく探索できるか調べました（文献4－9）。

その結果、健常なサルと頭頂葉を切除したサルは正しく探索できたのに対して、外側前頭前野を切除したサルは正しく探索できないことが示されました。つまり、正しく探索するためには、外側前頭前野の働きが必要だということです。

このような研究結果を踏まえると、大人と比べるとまだまだ未熟ですが、赤ちゃんにおいても、前頭葉はしっかりと働いているようです。

それでは、次に、子どもの実行機能にかかわる前頭葉の働きについて見ていきましょう。

## 子どもの脳活動の調べ方

子どもの脳の働きはどのように調べるのでしょうか。脳活動の調べ方としては、健康な大人の場合だと機能的磁気共鳴画像装置（ｆＭＲＩ）を使うことが一般的です。この装置では、実際の脳を触ることなく、脳の血流量の変化から、脳活動を調べることができます。

この装置では、実験参加者は、暗く、大きな音が鳴る、密閉された空間のなかに、体を動かさずに数十分間い続けなければなりません。筆者も何度も入ったことがありますが、あまり快適な場所とは言いがたいです。

そのため、子どもを対象にこの装置を使って脳活動を測定するのは容易なことではありません。筆者らは、ｆＭＲＩと同様に、脳の血流量を利用して脳活動を推定する、機能的近赤外分光装置（ｆＮＩＲＳ）を用いています。この方法は、ｆＭＲＩよりも精度は落ちますが、子どもに用いやすいという大きな利点があります（図５）。

この装置では、密閉した空間にいる必要もなく、うるさくもなく、体を固定する必要もありません。この装置を用いることで、子どもの脳の働きを調べることができるのです。

この装置は帽子のようなものなので、帽子を被るのがきらいな子どもの場合は拒否することもありますし、一度つけても外してしまう子どももいます。当然、こういった研究はあくまで子どもの協力という形で実施されるので、本人の同意が得られない場合はその意思を尊重します。

そのため、私たちの研究の場合、この装置をいかに子どもに納得して快適につけてもらえるかが非常に重要です。その点に一番腐心しています。

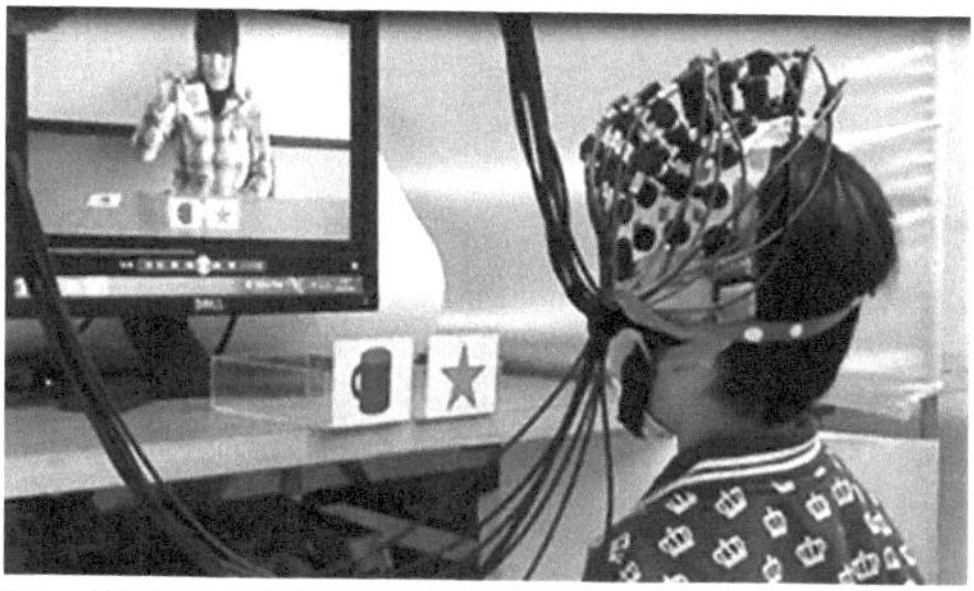

**図5**　機能的近赤外分光装置（fNIRS）を用いた脳活動の測定

## ルールの切り替えと前頭前野

筆者らは、この装置を使って、思考の実行機能が急速に発達する3歳から5歳までの脳の発達を調べてきました。第3章で紹介した切り替えテストを用いて、このテスト中の子どもの脳機能の発達を調べています（文献4－10）。

この課題では、3歳児はうまくルールを切り替えられないこと、5歳児になるとルールを上手に切り替えられることが示されています。筆者らは、3歳児と5歳児を対象に、この課題時における外側前頭前野の活動を調べました。

3歳児と5歳児の脳活動を計測すると、ルールを上手に切り替えられる5歳児は、外側前頭前野を強く活動させていることが明らかになりました。

また、3歳児では、ルールを上手に切り替えられる子どもとそうでない子どもがいたため、それぞれの脳活動を調べました。その結果、ルールを上手に切り替えられる子どもは外側前頭前野を活動させていたのに対して、ルールを切り替えられない子どもは外側前頭前野を活動させていませんでした。つまり、ルールの切り替えには、外側前頭前野の働きが関与しているのです。

筆者らは、さらに、3歳のときにルールを切り替えられなかった子どもに、9ヵ月後に再び研究に参加してもらい、実行機能の発達と外側前頭前野の働きの関係を調べました。

この研究では、3歳のときと同じテストをやってもらい、その際の脳活動を調べています。その結果、3歳のときにはルールの切り替えができなかった子どもも、9ヵ月後にはルールを切り替えることができるようになりました。また、脳の働きについては、3歳のときには活動していなかった外側前頭前野が、9ヵ月後には活動していました。

これらの結果から、3歳から5歳頃にかけて、外側前頭前野の働きが活発になることによって、実行機能が著しく発達することが明らかになりました。第3章で3歳から5—6歳で子どもの実行機能が急速に成長することを紹介しましたが、それはこの時期に外側前頭前野が発達するためなのです。

## 中央実行系回路の育ち

ただ、先述のように、思考の実行機能と関係するのは、外側前頭前野だけではありません。大人の思考の実行機能には、外側前頭前野と頭頂葉から構成される中央実行系回路が関与しています。この回路は子どもの思考の実行機能にどのように関与しているのでしょうか。

このことを考えるために、そもそも、中央実行系回路のような、複数の脳領域を含むネットワークがどのように発達するかを理解する必要があります。

子どもの間は、複数の脳領域を含むようなネットワークは十分に出来上がっていません。近い脳領域同士でネットワークを作っています。いわば、ご近所さん同士の付き合いです（文献4－11）。

青年期から成人期にかけて、前頭前野と頭頂葉のような、比較的距離のある脳領域同士のネットワークが形成されます。遠方に住む友人との付き合いということになります。

つまり、学校の友だち同士の付き合いしかない子ども期から、遠くても気の合う友人との付き合いを大事にする青年期や成人期というように変化をしていくのです。友人関係も実際にそうですよね。

このことは、思考の実行機能の脳内機構にもあてはまります。頭頂葉が思考の実行機能に関与してくるのは、児童期から青年期頃です。西オンタリオ大学のモートン博士らが切り替えテストを行っている際の脳活動を見てみると、小学校高学年の子どもは、外側前頭前野と頭頂葉を活動させていました（文献4－12）。

つまり、外側前頭前野と頭頂葉を含む中央実行系回路が思考の実行機能を支えるようになるのは、児童期から青年期のようです。そして、中央実行系回路が関与することにより、児童期以降では幼児期よりも効率よくルールの切り替えができるようになるのです。

青年期以降も中央実行系回路は発達が続き、成人期になってようやく完成します。中央実行系回路が発達するには非常に長い時間がかかるのです。

思考の実行機能の発達についてまとめると、以下のようになります。乳児期から、外側前頭前野は活動しています。幼児期には、思考の実行機能が著しく発達し、その発達は外側前頭前野の働きが活発になることと関連しています。児童期以降には、外側前頭前野と頭頂葉を含む中央実行系回路が思考の実行機能に関与するようになり、思考の実行機能のネットワークが出来上がるのです。

## シールテスト

思考の実行機能の発達の脳内機構について見てきましたが、感情の実行機能についてはどうでしょうか。特に、子ども期には報酬系回路はどのような働きを見せるのでしょうか。

先述の通り、報酬系回路は前頭前野よりも早い時期、生後間もない時期から形成されています。報酬系回路は、食べ物の獲得などの本能的欲求と関連するものであり、生命の維持には欠かせません。

ですが、その報酬系回路にブレーキをかける前頭前野は、前に触れたように、赤ちゃんでは十分に発達していません。

では、前頭前野が報酬系回路にブレーキをかけることができるようになるのはいつ頃でしょうか。筆者らは、3歳から6歳の幼児を対象にした研究を実施しました（文献4－13）。

この研究では、シールをご褒美として用いています。子どもの研究において、何をご褒美にするかは常に悩みの種です。マシュマロを子どもが全員好きなわけでもないですし、チョコレートは保護者の方がいい顔をしません。そもそも、アレルギーの問題から、食べ物を使うこと自体難しくなってきました。

食べ物以外の有力な選択肢がシールです。子どもはシールを集めるのが好きですし、シールを楽しそうに貼ります。子どもたちの動機づけを高めるために、人気キャラクターのシールを数種類用意し、そのなかで子どもに好きなシールを選んでもらいました。

調査では、選択肢を二つ用意し、片方の選択肢は今すぐもらえるシール1枚、もう片方は後でもらえるシール4枚です。幼児にこの選択を迫り、その選択の際の脳活動を測定しました。このテストも、後で多くのシールをもらうために、今すぐもらえる少しのシールを欲しい気持ちを制御するという意味で、マシュマロテストと類似したものです。

その結果、幼児でも、前頭前野がブレーキをかけていることが明らかになりました。ただ、大人では、欲求のコントロールに成功した場合に外側前頭前野が活動するのですが、幼児では、欲求のコントロールに失敗して今すぐもらえるシール1枚を選んだ場合に外側前頭前野の活動が強いことが示されました。

これは、幼児はブレーキをかけようとしているが、うまくかけられなかった可能性があることを示しています。

ブレーキが上手になるのは児童期以降です。カリフォルニア大学バークレー校のバンジ博士らの研究では、7歳から9歳の子どもが、報酬系回路にブレーキをかけられるかどうかを調べました。この研究では、実験中に今すぐクッキーを1枚もらうか、実験後に2枚もらうか、という選択肢を与えられ、その間の小学生の脳活動を計測しました（文献4－14）。

その結果、実験後に2枚もらうという選択をした子どもは、大人と同様に、前頭前野の一部が報酬系回路の働きにブレーキをかけることが示されています。

ここまで、感情の実行機能の発達の脳内機構を見てきました。全体的には、以下のようになります。まず、5歳くらいまでは、子どもは前頭前野をうまく働かせることができず、報酬系回路の働きをコントロールできません。5歳頃から少し前頭前野を働かせることができますが、まだまだ十分ではなく、小学校に入ったくらいから報酬系回路の働きを抑えることができるようになります。

## 実行機能の二つの側面の違い

ここまで見てきたように、感情の実行機能の脳内機構にも、思考の実行機能の脳内機構にも、前頭前野がかかわります。最後に、これらの脳内機構に共通部分があるのかという点について触れておきましょう。

人間の脳において前頭前野が占める割合は30％程度です。前頭前野は細かくさまざまな領域に分かれます。そのため、思考と感情のどちらの実行機能にも前頭前野がかかわっているとはいえ、全く同じ脳の領域がかかわっているわけではありません。

また、脳にはネットワークとしての特性があることを説明してきましたが、感情の実行機能と思考の実行機能では異なったネットワークが関与しています。

感情の実行機能には、外側前頭前野や報酬系回路が協調して活動することでかかわっていますし、思考の実行機能には外側前頭前野、後部頭頂葉などの領域が関与しています。

両者の脳内機構が異なることは、次章でも重要になってきます。

## 本章のまとめ

本章では、乳児期から児童期くらいまでの実行機能の脳内機構について紹介してきました。まとめると以下のようになります。

・感情の実行機能の脳内基盤は、アクセルは報酬系回路、ブレーキは外側前頭前野
・思考の実行機能の脳内基盤は、外側前頭前野と頭頂葉を含む中央実行系回路
・前頭葉は青年期から成人期まで長い時間をかけて発達する

・ただ、乳児期から前頭葉は機能しており、幼児期からその活動が強まる

次章では、近年注目を集めている青年期について見ていきます。

# 第5章　岐路となる青年期

第4章で見たように、幼児期に著しく発達した実行機能は、感情面も、思考面も、小学生の間に緩やかに発達を続けます。このことをふまえると、青年期以降も実行機能は右肩上がりで発達していくように思います。ですが、近年、実行機能が、青年期に不思議な変化を示すことが報告されるようになりました。どのような変化が見られるか、見ていきたいと思います。

## 疾風怒濤の時代

20世紀初頭のアメリカの心理学者ホールは、青年期を「疾風怒濤の時代」と表現しました。40代に差し掛かった筆者が今思い返しても、10代半ばから後半にかけては、特別な時期です。小学校から続けていたサッカーを高校の途中でやめて、明らかにきつそうなラグビー部に入ったり、青春18きっぷで旅をして、ホテル代を浮かすために野宿したのに、朝起きたら財布をスラれたことに気づいたりと、今考えても何でそんなことをしたのだろうと不思議に思うエネルギーと衝動性に突き動かされていました。誰にでもそういう経験があると思います。

心理学では、10代前半から20代序盤にかけての時期を、青年期と言います。青年期は、人間において大きな特徴がある時期です。特に、体と脳に大きな変化が起こります。保健体育の授業で第二次性徴が取り上げられたことを覚えている人もいるでしょう。女性らしい体つき、男性らしい体つき、などのように、身体的な変化が取り上げられることも多いですが、この時期には心や脳、行動にも大きな変化が訪れます。

どのような変化があるのでしょうか。これまで心理学で注目されてきたのは、若者が自分とは何かを考え始めるという点です。他の誰でもない、友達とも親とも違う自分という感覚（アイデンティティ）を身につける時期なのです。勉強や恋愛、就職などに直面し、自分は何者で、自分には何ができるのか、悩みます。

ですが、本書では青年期の別の特徴に焦点を当てます。それは、リスクのある行動を好むという点です。児童期や成人期と比べて、若者は暴力や窃盗などの衝動的な犯罪や、酒やタバコ、ドラッグ摂取のような危険な違法行為に興味を示すようになります。盗んだバイクで走り出し、非常に荒い運転をする若者や、飲みなれぬお酒を飲む際に、仲間の手前、一気飲みをする若者もいるかもしれません。最初は少し悪ぶった程度の行動がいつしかエスカレートして、命を落とすことすらあります。

この時期に実行機能はどのように発達するのでしょうか。

## 緩やかな思考の実行機能

これまで述べてきたように、自分をコントロールする力である実行機能には二つの側面があります。まずは、思考の実行機能について見ていきます。

第3章で、思考の実行機能は、幼児期に著しく発達すること、児童期にも緩やかな発達が続くことを説明しました。実は、思考の実行機能は、青年期から成人期にかけても、引き続き緩やかな発達をします。

ミネソタ大学のゼラゾ博士らは、第3章で紹介した切り替えテストを3歳から15歳までの子どもに実施し、成績を比較しました（文献3－9）。その結果、ルールを柔軟に切り替える能力は、幼児期に急激に発達した後に、児童期から青年期に至るまで、緩やかな発達を続けることが明らかになりました。ハンドルの使い方は、青年期も徐々にうまくなっていくようです。

このように、思考の実行機能に関しては、児童期から引き続き、青年期においても右肩上がりで成長していきます。非常に安定感があるのです。

## 変化する感情の実行機能

では、感情の実行機能も同じような発達を見せるでしょうか。

青年期の感情の実行機能は、第3章でも紹介したギャンブルテストで調べられます。子どものギャンブルテストはシールを得るものでしたが、若者を対象にしたテストでは、お金が使われます。

子どもでも、お金の価値はわかります。お小遣いやお年玉をもらうとうれしいものです。しかし、青年期になると、お金の重要性は格段に増します。洋服や食事代はもちろんのこと、アクセサリーや化粧品など、欲しいものばかりとなり、どうしたってお金が必要になってきます。

ロンドン大学のブレークモア博士らの研究では、9—11歳の子ども、12—15歳の中学生、15—18歳の高校生、25歳以上の成人を対象に、お金を使ったギャンブルテストにおいて、どの年齢層が最もハイリスクハイリターンの選択をする傾向にあるかを調べました（文献5－1）。このテストでは、参加者は、お金をたくさんもらえるかもしれないがたくさん失うかもしれない選択肢（ハイリスクハイリターン）と、お金を少ししかもらえないが失うリスクも低い選択肢（ローリスクローリターン）を与えられ、どちらを選びやすいかが調べられました。

思考の実行機能の研究結果を踏まえると、9—11歳の子どものほうが、ハイリスクハイリターンの選択をしやすいと思うかもしれません。ところが、この研究においては、子どもよりも成人よりも、中学生や高校生のほうが、ハイリスクハイリターンの選択をしがちであることが示されました。特に、最もハイリスクハイリターンの選択をしがちだったのは、中学生だったのです。

どうやら、青年は、子どもよりも、目の前にお金があると、お金に対する欲求を止めることができず、ハイリスクハイリターンの選択をしてしまうようです。

## 異なった発達過程

幼児期から児童期にかけては同じようなタイミングで思考の実行機能と感情の実行機能が発達しますが、青年期においては異なった発達過程を示すようです。

このことを確かめるために、ウェイル・コーネル医科大学のケーシー博士らは、両者の発達過程を直接比較し、違いがあるかを調べました（文献5－2）。

この研究では、ほとんど同じようなテストで感情・思考の実行機能を比較するために、非常に簡単な二つのテストを用いました。

どちらのテストでも、真顔の写真と笑顔の写真を使いました（図6）。一つのテストでは、モニター上に笑顔の写真が出たらボタンを押し、真顔の写真が出たらボタンを押してはいけません。笑顔の写真の枚数が多いので、真顔の写真のときにもついついボタンを

「押してしまいそうに」なりますが、その行動を制御する必要があります。こちらは思考の実行機能のテストです。

もう一つのテストは、このテストとは逆です。真顔の写真が出たときにはボタンを押し、笑顔の写真が出たときにはボタンを押してはいけません。

| | | |
|---|---|---|
| 思考の実行機能 | 押す | 押さない |
| 感情の実行機能 | 押さない | 押す |

**図6** 思考・感情の実行機能の比較テスト

二つ目のテストは、一つ目のテストと同じじゃないかと思うかもしれませんが、私たちは笑顔を見てしまうと、ついついうれしい気持ちになり、ボタンを押したくなってしまうことが知られています。「押したくなる」ボタンを押さないという意味で、こちらは感情の実行機能のテストなのです。

このテストを、小学生、中高生、大人にやってもらったところ、思考の実行機能のテストは年齢が上がるとともに成績が良くなったのに対して、感情の実行機能のテストでは中高生が最も成績が悪いという結果が得られました。

二つの実行機能の発達は異なっており、思考の実行機能は右肩上がりであるのに対して、感情の実行機能は青年期に一時悪くなってしまうということが確認されました。

## アクセルが強い

なぜ、青年期には衝動的な行動を制御することができないのでしょうか。その過程を、感情の実行機能におけるアクセルやブレーキという視点で説明してみましょう。ギャンブルを例にすると、私たちにとって最も魅力的なものの一つであるお金を得ようとするのがアクセルで、その傾向を止めようとするのがブレーキです。

青年期においては、アクセルが強すぎて、ブレーキによってうまく制御できていないということになります。アクセルが強すぎるというのは、「暴走する」という青年期のイメージに合うものです。

ここで大事なのが、児童期や成人期にはハイリスクハイリターンの選択をしない点です。小学生や大人は、ブレーキがしっかりとアクセルの働きを制御できているということになります。

青年期にはなぜブレーキがうまくアクセルを抑え込めないのでしょうか。

## 青年期における脳の変化

青年期の前の時期である児童期は、比較的安定した時期です。むろん、児童期においても、子どもの心にさまざまな変化が起こりますが、第2章でも述べたように、その変化は比較的緩やかなものです。

一方、青年期に起こる変化は、極めて急激なものです。この変化は、アンドロゲンやエストロゲンのような性ホルモンの濃度が高まるという生物学的な変化によって起こります。

児童期からこれらの性ホルモンは体内に存在するのですが、その濃度はそれほど高いものではありません。児童期後期から体内では着々と準備が進んでおり、急激に性ホルモンの濃度が高まります。

視床下部という脳領域から脳下垂体に指令が出て、性ホルモンが分泌されます。分泌された性ホルモンは、体のさまざまな部位に送られますが、脳にも送られます。とりわけ、脳内の大脳辺縁系と呼ばれる、感情にかかわる脳領域に作用することが知られています。

男性ホルモンは、扁桃体という脳領域に多く作用します。この脳領域は、見聞きしたものが、安全であるか危険であるかを判断するときにかかわります。たとえば、道を歩いていて、陰からあらわれたのが子犬であれば、私たちは安全だと判断し、子犬に接近したりします。一方、あらわれたのが猪であれば、私たちは危険だと判断し、身を守ろうとします。このような判断にかかわる脳領域が、青年期に大きく発達します。

一方、女性ホルモンは記憶の中枢である海馬などの領域に作用します。たとえば、お店がどこにあるとか、自分の恋人が過去に自分に対してどういうことをしたか、などの記憶にかかわってきます。

いずれにしても、このように、青年期においては、感情や記憶にかかわる脳の領域が変化を遂げます。そして、実行機能と密接にかかわる領域にも大きな変化が見られます。

## 青年期の報酬系回路

青年期において最も劇的な変化を遂げるのが、アクセルにかかわる報酬系回路です。特に、身体的な成熟が進んでいる青年ほど、報酬系の一部である腹側線条体などの領域が変化を遂げやすいのです。このことが自分のコントロールを難しくします。

先に、児童期よりも、大人よりも、青年期において、リスクのある選択をしがちであることを述べました。ハイリスクハイリターンの選択肢と、ローリスクローリターンの選択肢を提示された場合に、ハイリスクハイリターンの選択肢をもっとも多く選んだのが中学生でした。

ライデン大学のクローネ博士らは、ギャンブルのようなテストにおいて、10歳から25歳の参加者を対象に、fMRIを用いて脳活動を調べました（文献5－3）。先に紹介したものと同様にハイリスクハイリターンの選択肢とローリスクローリターンの選択肢があります。この研究では、ハイリスクハイリターンの選択肢を選び、お金を得られた場合とお金が得られなかった場合の脳活動を比較しました。

その結果、アクセルにかかわる報酬系回路の活動が、非常に興味深い発達的変化を示しました。まず、10歳くらいの児童と比べて、13－15歳程度の青年のほうが、報酬系回路の一部である腹側線条体の活動が強いことが示されました。小学生と比べると、中学生はお金に対して強く反応するようです。

さらに、中学生と成人を比べた場合にも、中学生のほうが腹側線条体の活動が強いことが示されました。つまり、お金に対する腹側線条体の活動は、青年期において最も強いことが明らかになりました。

## アクセルとブレーキのアンバランスな発達

このように、報酬系回路は青年期において最も強く活動しますが、感情の実行機能の発達を考えるうえでもう一つ重要なことがあります。それは、ブレーキである前頭前野の発達との関係です。

前頭前野は、これまでも述べてきたように、成人期まで発達が続く領域です。大事なこととして、前頭前野は、児童期よりも青年期のほうが、青年期よりも成人期のほうが、ブレーキとしての役割が強くなるのです。

そうすると、ブレーキもアクセルも、児童期より青年期のほうが強いということになります。だとしたら青年期においてもブレーキとアクセルのバランスが保たれていそうです。ところが、実際には、青年期において、ブレーキがアクセルを制御しきれていません。

実は、ここが少し複雑なのですが、報酬系回路と前頭前野の二つの領域では、発達するタイミングが異なるようなのです（文献5－4）。

報酬系回路と前頭前野の関係をレースにたとえると、以下のようになります。まず、乳児期には、報酬系回路がぶっちぎりに前に行っていて、前頭前野は全く追いつけません。

ところが、幼児期から児童期初期になると、報酬系回路に前頭前野が追いついてきます。ここで、前頭前野が報酬系回路の活動を抑えられるようになります。

児童期は、並走状態が続き、報酬系回路と前頭前野のバランスが良いようです。

そして、青年期になると、ここで急に報酬系回路がスパートをかけます。前頭前野はマイペースなので、追いつけません。そのため、前頭前野が報酬系回路を抑えきれないのです。

最後に、成人期になると、報酬系回路が少し疲れ出し、前頭前野が再度追いつくため、両者のバランスが良くなるのです。

つまり、アクセルの発達とブレーキの発達を比較すると、青年期ではアクセルの発達のほうが少しだけ早まるようなのです。そのため、ブレーキの発達が追いつかず、時に青年は暴走してしまうのです。

## アクセルが強いことの利点

こういう話をすると、アクセルが強いことがネガティブなことのような印象を与えてしまうかもしれません。たしかに、アクセルが強いことによって危険な行動に走ることはあるのですが、このような働きは全面的にネガティブなものというわけではありません。青年が自立するうえで極めて重要なのです。

アクセルが強いことの利点として、学習能力の高さが挙げられています。クローネ博士らの研究では、参加者があるゲームを与えられるのですが、最初はそのゲームのルールを教えられません（文献5－5）。やっているうちにヒントが出され、ヒントに基づいてルールを見つけ、学んでいかないといけません。

参加者がこのゲームのルールを学んだ際の脳活動のデータを取得し、ゲームの成績との関係を調べました。小学生、青年、大人が参加したのですが、報酬系回路、つまり、アクセルの働きは、青年において最も強いことが示されました。

つまり、アクセルが強く働く青年期は、新しいことを学んだり、新しいものを探したりすることができるのです。

## 重要な仲間関係

青年期のもう一つの特徴として、仲間が家族よりも重要な存在になってくるという点があります。小学生の間には、友達はいるにしても、家族が優先されます。ところが、中学校に入ると、休日に家族で出かける機会は減り、友達と遊びに行ったり、部活に行ったりする機会が増えるでしょう。仲間関係が重要であるということは、当然、実行機能にも仲間の影響があるはずです。

青年期の特徴として、仲間外れに敏感という点があります。特に、この時期は、無視や仲間外れを含めた関係性攻撃が盛んな時期で、この攻撃対象になった生徒は、自尊心が低下し、抑うつなどの精神的な問題を抱えることにもなってしまいます。

たとえば、A君、Bさんとあなたが3人でキャッチボールをしている様子を想像してください。あなたのところにボールが来れば、A君かBさんのどちらかにボールを投げるでしょう。最初は3人で仲良くキャッチボールをしています。

ところが、途中で、急にあなたのところにボールが来なくなります。A君がボールをキャッチすればBさんのところに、BさんがボールをキャッチすればA君のところに。あなたは何か自分がへまをしただろうかと不安に思うかもしれません。

ブレークモア博士らは、このようなやりとりを、コンピュータゲームという形で調べました。この研究では、ゲームの前にまず参加者の気分を測定します。これを基本として、仲間外れにされた後にも気分を測定し、仲間外れがどの程度影響を与えるかを調べました（文献5－6）。

その結果、大人では、幾分気分に変化があったものの、それほど大きな変化が見られなかったのに対して、中学1年生と3年生では、仲間外れにされた後には気分が大きく落ち込んでいました。仲間外れにされたことによって、ひどく傷ついたのです。

さらに、仲間外れにされたときの大人と青年期の若者の脳活動を調べた研究では、大人も若者も、島皮質という脳領域を強く活動させていました（文献5－7）。この領域は、不快感情や痛みを感じたときに活動する領域です。物理的な痛み（針を刺される）でも活動するのですが、心理的な痛みでも活動するようです。「心の痛み」とはよく言ったものです。

さらに、大人では活動が見られず、青年期の若者にのみ活動が見られる領域も見つかりました。それが、帯状回膝下野《たいじょうかいしつかや》という領域です。この領域の詳細な役割についてはよくわかっていないのですが、この領域の活動が抑うつ傾向とかかわることが示されており、仲間外れにされることは、こういう領域の脳活動を通して、精神的な問題につながる可能性があるのです。

## SNS

現代の若者に特有の仲間関係として、Facebook や Twitter、LINE などのＳＮＳを通じた仲間関係があります。

平成28年度の内閣府の調査によると、小学生の3割弱、中学生の5割程度、高校生の9割以上がスマートフォンを保有しています。

Facebook や LINE を通じて友達同士でグループを作り、内輪だけでメッセージを送り合います。ここで彼らにとって重要なのが、いかにして内輪で認められるかということです。Facebook や LINE で褒められること、その数が多いことが、何よりのご褒美なのです。

もちろん、グループを作り、グループ内でいかに認められるかが重要なのは、現代の若者に限ったことではありません。筆者が高校生の頃はポケットベルが広まった時期で、公衆電話に並んで10文字をがんばって送っていました。ただ、現在はSNSというツールがあることで、そのことが仲間内で可視化されたことと、いつでもどこでも時間を選ばずつながっていることに特徴があります。

## 悪乗りする

このような青年期の仲間関係ですが、仲間関係はよくも悪くも作用します。悪い面を言うと、友達といると、悪乗りすることがありますよね。一人では絶対しないようなくだらないことや危険なことを、友達といるとしてしまいます。たとえば、橋から川への飛び込みなどは、間違いなく一人ではやらないと思いますが、友達の前では、意地をはるためか、やってしまいます。その結果として不幸な事故が起こるのはご存じの通りです。

友達といると自分をコントロールすることが難しくなるという研究がテンプル大学のチェイン博士らによって報告されました（文献5-8）。この研究では、青年や成人を対象にドライビングゲーム中にどれだけ危険な行為をするかを調べ、危険な行為をしている際の脳活動をｆＭＲＩで比較しました。青年期には、バイクや車で危険な運転をする人もいますよね。私の故郷の福岡でも、勤務先の京都でも、こういう青年はよく見かけます。そういう状況を模している実験なのです。

特に、このゲームでは、信号が変わる際に他の車と衝突するリスクを冒してまで信号に突っ込むかどうかを調べています。この実験の面白いところは、一人でこのゲームをやるときと、友達の前でゲームをやるときとを比較している点です。実験参加者に実際に友達を連れてきてもらい、その友達が見ている状況でやる場合と、一人でやる場合を比較しました。

まず、どれだけゲームのなかで危険な行動をしたかを調べると、大人では、一人でやろうが友達の前でやろうが、危険な行動をする数に違いはありませんでした。一方、青年では、一人でゲームをやるよりも、友達の前でやるほうが、危険な行動を多くしました。やはり、友達の前では悪乗りするのです。

また、その際の脳活動を調べてみると、大人ではアクセルである報酬系回路の活動に条件間での違いはなかったのですが、青年では条件によって違いがありました。一人でやるよりも、友達の前でやるほうが、報酬系回路の活動が強くなっていたのです。

さらに、そのような危険な行為にブレーキをかける前頭前野の活動を見てみると、一人のときよりも、友達の前でやるときのほうが、活動が著しく弱いことも示されました。

友達の前ではアクセルがさらに強く、ブレーキがさらに利きにくくなってしまうようです。

## いい友達にはいい影響を受ける

もちろん、友達は悪いほうにだけ作用するわけではありません。たとえば、皆さんには自分のことを心配してくれたり、たしなめてくれたりする友達はいるでしょうか。

筆者の個人的な経験では、男性の友達はどちらかというと悪い方向に導くことが多く、女性の友達はブレーキ役になってくれることが多かったように思います。たとえば、高速道路で車のスピードを出すと、男性の友達は煽るのに対して、女性の友達は安全運転をするようにアドバイスをくれました。

実行機能にも、友達の存在が好影響を及ぼすという研究が報告されています。先ほどから述べているように、青年期にはタバコやお酒などの禁止されている行動をしがちです。こういった行動に対して、親や教師がやめるように促したところで、若者が耳を傾けるはずはありません。反発して、よりエスカレートしていくのが関の山です。彼らにとっては、大人に対する反発自体が目的の一つでもあります。

こういう場合には、大人からよりも、同級生の視線からの働きかけが効果的です。同級生から、タバコを吸う姿を、「悪ぶってるだけでかっこわるいよ」と言われるだけで、若者は恥ずかしい思いをするかもしれません。

実際に、同級生や友達によって、問題のある行動を減らすことができるかが検討されました。ブリストル大学のキャンベル博士の研究では、クラスのなかでも他の子どもに影響力があるとされる生徒をまず選びます。ここが肝心です。残念ながら、同級生であればだれでもいいわけではありません。生徒たちから一目置かれているような、そういう生徒を選ぶ必要があります（文献5－9）。

この生徒を訓練し、他の生徒による喫煙等の問題のある行動をやめさせるようにしました。その結果、問題のある行動が減少することが報告されています。

繰り返しになりますが、青年期には、友人はいいようにも悪いようにも作用します。どのような友人を選び、どのように付き合うかが、実行機能にも影響を及ぼすようです。

## 人生の分かれ目となる青年期

このように、青年期において、自分をコントロールする力である実行機能は一時的に低下し、衝動的な行動をとりがちだったり、欲求を抑えきれなかったりします。

ただし、限度があります。ケンカをするくらいであればまだしも、凶悪な犯罪行為をしてしまうと、そうではない場合と比べて、後の人生が圧倒的に不利になってしまいます。進学や就職に影響が出てしまうことは避けられません。

また、女性が一方的に被害を受ける可能性もあります。たとえば、性行為をする場合に、危険な行為を好む男性が避妊具を使用することを拒否すると、女性が望まない妊娠をする可能性が高まります。妊娠した結果として学校を半ば強制的に退学させられたりして、将来の目標を断たれる可能性すらあります。そうなったとき、本来であれば支えるべき学校や大人が、支援放棄してしまうことさえあるのは周知の通りです。

このように、青年期は人生の分かれ目となる可能性があるのです。

ここで、第2章のダニーデンの縦断研究やイギリスの縦断研究を思い出してください。子どものときに実行機能が高い子どもは、大人になったときに経済的・社会的・健康的に非常に有利であることが示されました。また、実行機能の低い子どもは、これらの側面で不利であるばかりか、犯罪に走る可能性が高いことも示されていました。

ただ、この話を聞いて少し疑問に思った方もいるかもしれません。5歳くらいのときの実行機能が大人になったときの経済状態や健康状態を予測するとしても、5歳と30歳では期間が離れすぎていて、両者がどのように関係するのかわからないではないかと。

実際、わが国でも多くの書籍が子どものときの自制心や忍耐力が大事だと述べていますが、なぜ大事なのかが説明されていないものが多数です。

ここで大事になってくるのが青年期なのです。ダニーデンの縦断研究では、青年期に酒やタバコ、ドラッグのような違法行為を全く犯さなかった「優等生」グループが、大人になったときに経済面や健康面においてどのような成績を示すかを調べました。

その結果、優等生グループは、他の参加者と比べて、経済面においては金銭的に恵まれており、かなり健康であることが示されました。青年期のような頑張るべきときに頑張れる人、自分をコントロールするべきときにコントロールできる人というのは、将来的に社会で必要とされることが多いのでしょう。

重要なのは、このような青年期の行動が、子どものときの実行機能と強く関連することです（文献5－10）。子どものときに実行機能が高いと、青年期に無茶をしすぎません。

つまり、誰しもある程度は青年期には実行機能が低下するのですが、子ども期に実行機能が高いと、青年期の行動にブレーキを利かせられるのです。専門的な言い方をすると、子ども期の実行機能は、青年期における防御因子になるのです。

まとめると、以下のようなことが考えられます。子どものときに実行機能が高いと、青年期にも実行機能が高く、違法行為などをする確率が低い。そのため、進学や就職で有利になり、大人になってからの暮らし向きが良い。一方で、子どものときに実行機能が低いと、青年期にも実行機能が低く、酒やタバコはもちろんのこと、ドラッグをはじめ犯罪に手を出してしまう。その結果として、大人になってから経済面や健康面で問題を抱える確率が高くなる。青年期が岐路となるのです。

このようなことからも、子ども期に実行機能をしっかりと発達させることがいかに重要であるかがわかると思います。

## 本章のまとめ

本章では青年期における実行機能の発達を見てきました。

- 青年期には思考の実行機能は徐々に発達する
- 感情の実行機能は一時的に低下する
- 感情の実行機能の低下は、アクセルとブレーキの発達がアンバランスなためである
- 青年期の実行機能は仲間に大きな影響を受ける
- 青年期は人生の分かれ目である

ここで見てきたのは、子どもや若者を全体的に見たときの変化の傾向なので、実際には

かなりの個人差があります。早い時期から自分をコントロールできる子どももいれば、そうではない子どももいます。

なぜ実行機能が高い子どもと低い子どもがいるのか、どのように子どもを育て、子どもとかかわると実行機能が高い子どもが育つのか。これらの点について、次章で見ていきます。

# 第6章　実行機能の育て方

第5章までで、子ども期の実行機能がその後の人生に大きな影響を及ぼすことを見てきました。そうなると、気になるのは、どうすれば実行機能を育てることができるのかということです。本章ではこの点を見ていきます。

## 氏か育ちか

どのような能力であれ、遺伝的な要因と環境的な要因の両方に影響を受けています。遺伝的な要因と環境的な要因の影響は、主に双子を対象にした研究で調べられてきました。双子にも、一卵性の双子と二卵性の双子がおり、一卵性は全く同じ遺伝子を持ちますが、二卵性は50%程度しか同じ遺伝子を持ちません。一卵性の双子のある能力の類似度と、二卵性の双子のある能力の類似度を比較し、遺伝的な要因の重要性と環境的な要因の重要性を調べることができます。

このような双子を対象にした研究から、ある能力の個人差（一人一人の違い）に、遺伝的な要因と環境的な要因がどの程度影響を与えるかが示されます。自分をコントロールする力である実行機能では、遺伝的要因が大事なのでしょうか、それとも環境的要因が大事なのでしょうか。

慶應義塾大学の藤澤博士らの研究で、子どもには、遺伝的な要因よりも、環境的な要因が重要な役割を果たすことが示されています（文献6－1）。環境にも、家庭環境と、学校や友達のような環境がありますが、特に子どもの実行機能に影響を与えるのは、家庭環境です。

以下で、どのような遺伝的な要因と環境的な要因が実行機能に影響を与えるのか見ていきましょう。

**遺伝的要因**

まずは、実行機能の個人差に影響を与える遺伝的要因、特に遺伝子の影響について見ていきましょう。ここでのメッセージとしては、目標を達成するためのスキルである実行機能の高い・低いの一部は、遺伝的に決まっているという点です。

遺伝子はA（アデニン）、T（チミン）、C（シトシン）、G（グアニン）の四つの塩基の配列から構成されている情報のことです。一連の塩基配列から、さまざまなタンパク質が作り出されます。ヒトの遺伝子は2万数千個だと見積もられていますが、遺伝子の塩基配列のなかには人によって個人差が存在する部分があります。人口の1％以上で存在する遺伝子の変異を遺伝子多型と言います。

実行機能にかかわる遺伝子にもさまざまなものがありますが、よく知られているのが、前頭前野の働きにかかわるものです。これまで見てきたように、実行機能には前頭前野が深くかかわりますが、この領域の働きに影響を与える遺伝子があるのです。

前頭前野でやりとりされる有名な神経伝達物質が、これまでも紹介してきたドーパミンです。このドーパミンにかかわる遺伝子多型がいくつか報告されています。有名なものとしてCOMT（カテコール－O－メチルトランスフェラーゼ）遺伝子が挙げられます。

筆者らは、この遺伝子のある型を持つ子どもは、別の型を持つ子どもよりも、思考の実行機能が高いことを明らかにしました（文献6－2）。特に、3—4歳児では遺伝子多型の影響は見られなかったのに対して、5—6歳児においては遺伝子多型の影響が見られました。思考の実行機能が発達する幼児期後期になってからこの遺伝子は実行機能に影響を与え始めるようです。

ただし、遺伝子によってすべてが決まるわけではありません。環境的な要因も重要ですし、遺伝子の働き自体が環境に影響を受けることも示されています。ここでは、遺伝的な要因も無視できないという点を押さえていただければと思います。

## さまざまな環境的要因

さて、次に、環境的な要因について見ていきましょう。子どもを取り巻く環境と一口に言っても、物理的な環境から文化にいたるまで、非常に多岐にわたります。また、子どもの年齢によっても、環境的影響は異なります。

そのため、以下では、子どもの成長とともに、どのような環境的影響が重要になってくるかを見ていきます。

最も早い時期の環境としては、生まれる前の母胎の環境が挙げられます。まず、この点を見ていきます。

生まれた後でも、さまざまな環境があります。読者の方が関心あるのは、家庭環境でしょう。家庭環境の影響は、経済状態、親子関係、夫婦関係、家庭のルールや習慣などが複雑に絡みあっています。

子どもが接するのは、家族だけではありません。子どもが住む地域環境も大事です。次にこの点を見ていきます。最後に、より大きな環境的な要因として、文化的な影響を見ていきたいと思います。

## 胎内環境

まず、実行機能そのものではありませんが、前頭前野の発達に影響を与える重要な要因が、胎内環境、つまり、母親のお腹のなかにいるときの環境です。

レスブリッジ大学のコルブ博士らの一連の動物研究では、ラットの母親の胎内環境が仔の前頭前野の発達に影響を及ぼすことが示されています（文献6－3）。ラットの前頭前野の発達に、妊娠中の母胎のストレスが影響を与えます。ラットへのストレスの与え方もさまざまですが、たとえば、水をはったケージのなかに入れるなどのストレスの与え方があります。このようなストレスを与えられると、前頭前野の一部領域において、神経細胞の一部が過剰生産されたり、逆に、過少生産されたりしてしまうなどの影響があることが示されています。つまり、前頭前野の発達が著しい影響を受けるのです。

人間の場合では、胎内環境の重要性を示す証拠は、早産の子どもたちの研究です。在胎37週未満で生まれてきた赤ちゃんは早産児と言われ、わが国でも総出生に示す早産の割合は年々増加しています。

早産児は、実行機能の発達に問題を抱えやすいことが示されています（文献6－4）。これは、在胎期間が短いことによって脳の発達過程が満期児とは異なることや、出生後の環境が母胎とは異なること（保育器等）が影響を与えるためです。そのため、早産児に対するケアは非常に重要となります。

## 家庭の経済状態

次に、出生後の家庭環境です。現在、発達支援や教育支援という点から非常に重要視されているのが、家庭の経済状態と実行機能の関係です。

家庭の経済状態を示すためによく用いられる社会経済的地位というものがあります。これは、社会的な地位（職業や学歴）と経済的なレベル（所得や財産）によって構成されます。いうなれば、ある家庭が裕福なのか、貧しいのかを表す指標のことです。

社会経済的地位が低い家庭で育った子どもは、社会経済的地位が高い家庭で育った子どもよりも、いくつかの能力が低いことが世界中で示されています。幼児期においてもその差は明確です。

コロンビア大学のノーブル博士らは、社会経済的地位が、子どものどの能力に影響を与えるかを調べました（文献6－5）。対象となったのは、視覚認知能力、空間認知能力、記憶力、言語能力、思考の実行機能です。

視覚認知とは、モノの形などについての理解、空間認知とはモノの向きなどの理解のことです。

この研究の結果、社会経済的地位が影響を与えたのは、言語能力と思考の実行機能でした。一方、視覚認知能力や記憶力などにはあまり影響を与えませんでした。言葉や実行機能のような、発達に時間がかかる能力ほど、社会経済的地位の影響が大きいようです。家庭での教育や子育てが長期間に及ぶことと、次に述べるストレスの影響が考えられます。同様の結果は、感情の実行機能を調べた研究からも報告されています。

私たちの研究も、社会経済的地位が、子どもの前頭前野の発達に影響を及ぼすことを示しています（文献6－6）。現代の日本では、富裕層と貧困層の格差が広がっています。世界的には日本の経済格差は中位ですが、それでも年々格差は広がっており、貧困率は15％程度になっています。子どもへの影響が懸念されるところです。

## 社会経済的地位と子どものストレス

なぜ、社会経済的地位は子どもの実行機能に影響を与えるのでしょうか。その理由の一つは、社会経済的地位が低い家庭では、高い家庭よりも、子どもがストレスを感じる経験が多いことです。第4章でも触れたように前頭前野は強いストレスに対して脆弱なので、社会経済的地位が低い家庭では前頭前野の発達が影響を受けてしまいます。

たとえば、社会経済的地位が低い家庭では、子どもが虐待を受ける可能性が高いことが知られています。虐待にも、身体的な虐待（なぐられるなど）、心理的な虐待（暴力的な言葉を受けるなど）、性的な虐待などがあります。このような虐待を受けると、子どもは強いストレスを感じ、脳の発達は深刻なダメージを受けます。

厚生労働省の統計（平成24年度）によると、平成24年度の虐待件数は平成11年度の5・7倍で、増加の一途をたどっています。わが国でも深刻な問題と言えます。

子どもが直接的に暴力を受けなくても、たとえば父親が母親に暴力を振るうのを見るだけでも、子どもには大きなストレスがかかってしまいます。夫婦間の暴力はもちろん、口論すら子どもにストレスを与える可能性があります。オレゴン大学のグラハム博士らの研究では、1歳以下の赤ちゃんが睡眠中に両親が口論すると、赤ちゃんの脳がストレスを受けることが示されています（文献6－7）。

それ以外にも、家族にアルコール依存者や薬物依存者がいること、精神疾患を持つ人がいること、服役中の人がいることなども子どもに大きなストレスを与えます。

このような家庭でのストレス経験のなかでも、子どもの実行機能にもっとも深刻な影響があるのが、ネグレクト（育児放棄）です。

**ネグレクト**

ネグレクトとは、子どもや障害者などが、その保護や養育を放棄されることを指します。具体的には、食事を作ってもらえなかったり、親に無視されたりするなどの経験が含まれます。

平成26年度厚生労働省の統計では、ネグレクトは児童虐待のなかでも、心理的虐待、身体的虐待についで第3位で、虐待の3割弱を占めます。

ネグレクトを受けて育った子どもは、思考の実行機能の発達が非常に遅れるという研究が報告されています。ミネソタ大学のエグランド博士らの研究では、児童虐待を受けていない子どものグループ、身体的虐待を受けている子どものグループ、心理的虐待を受けている子どものグループ、ネグレクトを受けている子どものグループを比較しました（文献6－8）。

その結果、ネグレクトを受けている子どものグループは、身体的な虐待を受けているグループや心理的な虐待を受けているグループよりも、頭の切り替えの発達が遅くなることが示されました。

直感的には、身体的な虐待や心理的な虐待のほうが子どもにとってストレスになりそうな気がします。なぜ、ネグレクトのほうが深刻な影響を受けるのでしょうか。そのことを考えるうえで、ネグレクトが増加する状況を国家的に作ってしまったルーマニアの例を見てみましょう。

## チャウシェスクの子どもたち

ルーマニアという東欧の国で、独裁者として君臨したチャウシェスクという人物がいます。この人物は、ルーマニアの人口を増やすために、人工中絶を禁止したり、多産を極端に奨励したりするような政策を実施しました。

当時のルーマニアは、非常に厳しい財政状況にあったということもあり、食料不足などが生じ、家庭では育てられなくなった多くの子どもたちが、養護施設に預けられました。政権が崩壊したときには10万人以上の孤児がいたということです。

多くの孤児がいるので、養護施設の職員にきめ細やかなケアができるはずもありません。必然的に、ネグレクトに近いような状況が生まれてしまいます。

メリーランド大学のフォックス博士の研究グループが、この施設で育った子どもたちの発達過程を検討するために、大規模な調査を行っています。

まず、この施設で育った子どもを、二つのグループに無作為に分けました（文献6-9）。一つは、以前と同じように施設で育つ子どものグループ。もう一つは、里親を探して、その里親の下で育つグループです。さらに、施設とは関係ない、生まれたときから家庭で育ったグループを加えて、三つのグループの発達を比較しました。

その結果、大きく二つのことがわかっています。まず、里親グループの子どもは、施設グループの子どもよりも、幾分思考の実行機能に優れるということです。里親グループの子どもは、里親によって庇護されます。ネグレクトの状況から脱することにより、ネグレクト状態の施設グループの子どもよりも、実行機能が改善されることがわかりました。

もう一つの結果は、里親グループの子どもは、生まれたときから家庭で育った子どもと比べると、思考の実行機能が低いということです。この差は年齢とともに広がっていきます。ＩＱなどの影響を考慮すると結果がまた変わる点には注意が必要ですが、これらの結果は、早期に親などの養育する者との関係を築けなかったことが重要な影響を及ぼすことを示しています。

## アタッチメント

このように、ネグレクトは、子どもの実行機能の発達に深刻な影響を及ぼします。これらの研究から導けるのは、養育者と子どもの生後早期の関係が極めて重要だということです。自分の力で動くことも食事を得ることもできない状態で生まれてくる人間の赤ちゃんにとって、自分を庇護してくれる養育者は重要です。

生後数ヵ月間をかけて、養育者と子どもは「アタッチメント（愛着）」という関係性を築き上げます。アタッチメントとは、情緒的な結びつきのことを指します。このアタッチメントがあることで、赤ちゃんは不安なときや怖いことがあったときに、安心感を得ることができます。泣きながら養育者にくっつくことで、安心感を得るのです（文献6－10）。

アタッチメントを形成するためには、特に生後間もない時期には、養育者側のかかわりが極めて重要です。赤ちゃんは不快なときや不安なときに、泣くことによって、自分の状態を表現します。養育者側は、そのような赤ちゃんに対して、敏感に反応する必要があります。

赤ちゃんが目を覚ましたときに誰もいなければ不安で泣くことがあります。そのようなときは抱っこして、安心感を与える必要があります。お腹がすいたときにはおっぱいやミルクをあげることで、空腹を満たしてあげる必要があります。このようなかかわりを通して、赤ちゃんとのアタッチメントの関係性が形成されます。

アタッチメントの関係性を築くことで、子どもは自分の感情をコントロールすることができるようになります。子どもは、最初は自分ひとりで感情をコントロールすることはできません。養育者にくっつき、慰めてもらうことで、コントロールしてもらいます。こういう経験を繰り返すなかで、感情をコントロールするという感覚がわかるようになります。そうすると、今度は自分で、たとえば指しゃぶりなどをすることによって、感情をコントロールできることに気づきます。そのうちに、養育者の手を少しずつ離れて、自分自身で感情や行動をコントロールし、実行機能を育んでいきます。

一方、ネグレクトのような状態では、子どもは養育者とくっつくことができません　し、養育者に慰めてもらうこともできません。最初は自分で感情や行動をコントロールできない子どもが、養育者の助けも得られなければ、感情をコントロールするという感覚を得ることはできないのです。その結果として、ネグレクトの家庭で育つと、実行機能の発達に問題を抱えてしまいます。

身体的虐待や心理的虐待よりもネグレクトのほうが悪影響を及ぼすのも、ここに理由があります。身体的虐待であれ、心理的虐待であれ、養育者は子どもにかかわっています。かかわり方自体は間違っているものの、何らかの関係性はあるのです。一方、ネグレクトの場合は子どもにかかわりません。この違いが大きいようです。

無論、身体的虐待や心理的虐待も、子どもの脳や心の発達に深刻な影響を与えることには変わりないので、決してこれらがいいと言っているわけではありません。ただ、子どもの実行機能にとってもっともストレスが強いのは、誰もかかわってくれない、ネグレクトであるということなのです。

このネグレクトは、特に、母親の学歴とかかわりがあります。父親の育児参加が増えているとはいえ、日本においては子育ての中心は依然として母親です。そして、中学校卒業などの最終学歴である母親は、そうではない母親よりも、子どもとの関係性を築くことが得意ではないことは繰り返し示されています。

もちろん学歴で全て決まるわけではありませんし、アタッチメントの関係性を築けるのは母親に限りません。父親の育児参加が進まないわが国ですが、父親でもしっかりとアタッチメントの関係性が築けます。また、里親が子どもにかかわることで実行機能が向上したことからも、子どもがアタッチメントの関係性を形成するのは里親でも問題ありません。教師や保育士などとも子どもはアタッチメントの関係性を築くことができます。最も重要なことは、特定の大人が、責任を持ってしっかりと子どもとかかわり、安心できる場所を提供するということです。

## 子育ての質

ここまで、ネグレクトや虐待などが子どもの実行機能の発達に及ぼす影響を紹介してきました。つまり子どもが養育者としっかりと安定した関係性を築くというのが、実行機能を育むための最も重要かつ根本的なものだということです。

この根本をしっかりと押さえたうえで、他に何ができるのかという点を紹介しましょう。最も研究が進んでいるのが子育ての質です。

子どもの発達に影響力があるのは、支援的な子育てと、管理的な子育てです。支援的な子育てとは子どもの自主性を尊重しようという子育てであり、管理的な子育てとは親が子どもを統制するような子育てです。

## 支援的な子育て

子どもが自分で洋服のボタンを外そうとしたり、靴ひもを結ぼうとしたりしている様子を思い浮かべてください。もう少しがんばればできそうですが、でも、時間がかかりそうです。

ある親は、いら立って子どもの代わりにボタンを外すでしょう。別の親は、親が代わりに外すのではなく、外すためのヒントをそっと教えてあげるかもしれません。たとえば、ボタンが穴に入るように、ボタンの持ち方を教えたりするでしょう。

後者のようなかかわりを、支援的な子育てと言います。親が子どもの行動を一から十まで教えるのではなく、子どもが自分でがんばろうとしているときに、少しだけ後ろから支えてあげる、そういうイメージです。

ただし、子どもがどれだけ時間をかけてもできなそうな状況では、この程度のヒントでは難しいでしょう。大事なことは、親が子どもの現在の能力をしっかりと見極めたうえで、今取り組んでいる課題（ここでは、ボタンを外すこと）を子どもが自分で解決するために、最低限の支援をするということなのです。対極にあるのが過干渉です。

子どもの実行機能が、このような親のかかわりによって成長することが示されています。ミネソタ大学のカールソン博士らの研究では、親の支援的子育てを、親子のパズル遊びのなかで検討しています（文献6-11）。子どもがうまくパズルができない状況で、親が子どもにどのようにかかわるのか。ある親は、子どもがパズルをできないのがもどかしくて、自分が実演してみせます。これは親が子どもに過干渉している例であり、実行機能の発達は促されません。

別の親は、子どもが自分でパズルを解決できるように、ヒントだけ与えます。こちらのほうが支援的な親だということになります。このような親は子どもが問題解決することを支援しているものの、けっして親みずからが解決しているわけではありません。子どもが自ら考えて行動をすることが支援されるのです。そのため、自分をコントロールする力が育まれやすいのです。

おわかりの通り、支援的なかかわりをするには、親のほうにも実行機能が必要となります。子どもが自分で片付けようとしているのに、面倒だからとか、時間がかかるからという理由で、親が片付けてしまうということは日常的によくあることだと思います。ただ、子どもの自律的な行動を支援するためには、親も実行機能を発揮して、子どもが自分でやるのを見守ることが必要なのです。簡単なことではありませんが……。

## 褒めればいいわけではない

一つ注意しておきたいのは、支援的な子育てとは、やみくもに子どもを褒めることとは違うということです。もちろん、子育てにおいて子どもを褒めることは必要ですが、子どもの行動を何でもかんでも褒めればいいわけではありません。

子どもの発達において、褒めたりご褒美を与えたりしすぎることによる負の影響が知られています。トマセロ博士らの研究では、1歳半くらいの乳児の親切な行いがご褒美を与えられることによって減少することが示されています（文献6-12）。1歳から2歳くらいの子どもは非常に親切で、見知らぬ人であっても進んで手伝ったり助けたりします。たとえば、知らない人が物を落としたりすると、自ら拾いに行きます。

子どもは、最初はそのこと自体を楽しんでこのような行為を行います。褒められたりご褒美をもらったりするために行うわけではありません。

ところが、手伝うなどの行為をした後にご褒美をもらえると、子どもは自ら進んで手伝わなくなります。つまり、最初は自発的に行っていた行動が、ご褒美をもらうことによって、ご褒美をもらうことが目的化してしまい、自発的に行わなくなったのです。

子どもの自発性を損なうようなかかわり方は、子どもの実行機能にも負の影響を与えると考えられます。子どもが一度欲求をコントロールできたからといって、ご褒美をあげるのは考えものです。子どもは自分のために自分を制御するのであり、人に褒められるためにがんばるのではありません。子どもが自主的にやっていることに対しては、見守るようなかかわり方をすることが重要になってきます。

## 管理的な子育て

次に、管理的な子育てについて見ていきましょう。支援的なかかわりが子ども主導のかかわりであるのに対して、管理的な子育てはその逆で、親主導のかかわりです。

たとえば、子どもがなかなか歯を磨かないとします。ある親は、何度も何度も歯を磨くように指示し、磨かなければおやつを抜きにするなどの罰を与えるかもしれません。罰を与えるというのは、管理的な子育ての典型的な例です。

管理的な子育ての影響には二つの側面があります。まず、何事もそうですが、極端になりすぎると子どもの実行機能に悪影響を与えてしまうという点です。親が子どもの行動を統制しすぎることで、子どもが自分で行動を統制することをしなくなってしまうためです。

ルーヴァン・カトリック大学のロスカム博士らは、子どもの母親や父親に対して、子育てに関するアンケート調査を実施しました（文献6－13）。アンケート項目は大きく、支援的な子育てと管理的な子育てに分けられ、支援的な子育ての項目は、たとえば、「子どもが何か問題を抱えたとき、私（親）はそのことについて子どもと話し合う」などでした。一方、管理的な子育ては、「子どもが私（親）の癇に障る場合、私（親）は身体的な罰を与えることがある」などでした。

このようなアンケートを親に実施し、その子どもにはさまざまな実行機能のテストを行い、アンケート結果と子どもの実行機能の関連を調べました。その結果、親が支援的な子育てをしていた場合には子どもの思考の実行機能が高かったのに対して、親が管理的な子育て、特に、体罰を与えるような子育てをした場合には、思考の実行機能が低かったのです。

罰を与えることが必要になる状況もあるかもしれませんが、体罰は許されません。体罰は子どもの発達に全面的に悪影響を与えます。残念ながら、我が国においては家庭や教育現場で、現在においても体罰を容認するような声を聞きますが、許されません。

## 親の管理も大事

親が子どもの行動を管理することは全面的に悪いことでしょうか。先に述べた通り、子どもは最初から自分をコントロールすることができるわけではありません。親に自分の行動を統制されながら、成長とともに自分でできるようになるのです。そうすると、極端なものは慎むべきですが、ある程度の親の統制は実行機能を育むと考えられます。これが管理的な子育ての二つ目の側面です。

筆者らの研究では、体罰などを除いた管理的な子育てが子どもの思考の実行機能に影響を与えるかどうかを検討しました（文献6－6）。たとえば、親が、子どもを自分の言いつけ通りに従わせているかや、歯磨きなどを子どもがやるまで何度でも言い聞かせるか、などを尋ねました。

その結果、親が管理的であると、子どもの思考の実行機能が育まれることが示されました。やはり、親の統制は重要なのです。

それでは、具体的に、どのような管理的な子育てが子どもの実行機能に影響を与えるのでしょうか。家庭のルールという点に注目して見ていきましょう。

## ルールづくり

どの家庭にも、その家庭ならではのルールがあると思います。たとえば、家に帰ってきたら手を洗う、晩御飯のときにはテレビをつけない、などのルールです。

どのようなルールであれ、家族の全員が、そのルールをしっかりと守るということが肝心です。たとえば、母親は家に帰ってきたら自分も手を洗うし、子どもにも手を洗うように言うけれど、父親は手を洗わないし、子どもにも手を洗うように言わないなどのケースは好ましくありません。

他にも、子どもと大人で違うルールがあるということも望ましくありません。子どもには9時以降おやつを食べてはいけないと言うのに、親は9時以降に晩酌をする状況は子どもにとって不可解です。

家族が皆ルールをしっかり守る様子を見ることで、子どもにもルールを守る意識が形成されます。それによって、ルールに応じた行動を選択し、不適切な行動をとらないようになるのです。

また、ルールがしっかりとあるということで、子どもにとって次に何が起きるかという見通しを立てることができます。家庭における安心感にもつながってきます。一方で、ルールがない家庭では、子どもは次に何が起こるかわからず、不安なまま生活することになります。こうした不安がストレスにつながってしまうのです。

## 睡眠

家庭のルールに関連して、二つの生活習慣の影響について紹介しましょう。睡眠とメディア視聴の影響です。

睡眠のルールは、家庭によってまちまちです。夜遅くまでテレビを見続けて、なかなか子どもが寝ない家庭もあれば、9時になったら寝る、などのように明確なルールを設けている家庭もあります。

眠ることは、私たちの脳にとって大事なことです。睡眠中には私たちの脳では、起きている間に損傷があった箇所などを修復したり、起きている間に覚えたことを記憶に定着させたりすることが報告されています。

また、眠る前に難しい問題に取り組むと、起きた後にその問題に対する解決策を思いつくなど、記憶や学習に非常に重要であることも示されています。

実行機能に関して言うと、実行機能の脳内機構である前頭前野は、睡眠中に活動が著しく低下することが知られています。睡眠不足によって前頭前野を休ませることができないと、起きている際の活動に影響が出ます。

睡眠不足は、学業不振につながりますし、それ以外にも精神疾患、情緒不安定、肥満などにも結びつく可能性があります。このことは特に子どもにおいて顕著です。

幼児期には、2—3割の子どもが睡眠に関する何らかの問題を抱えているという統計もあります。なかなか寝付けなかったり、寝ている間に歩いたりしてしまうのです。テルアビブ大学のサダー博士らは、小学校高学年の子どもを、ランダムに早寝群と夜更かし群に分けて、その前後に思考の実行機能のテストをしました（文献6－14）。その結果、早寝群は成績が向上するのに対して、夜更かし群は成績が低下することが報告されています。

小学生の研究に比べると数は少ないのですが、乳幼児期の睡眠もやはり実行機能に重要な影響を与えることが示されています。カールソン博士らは、1歳時点における乳児の睡眠の質を測定し、その後の実行機能への影響を検討しました。この研究では、1歳時点における夜の睡眠時間が長ければ長いほど、その子どもが2歳になったときの思考の実行機能の成績が高いことを示しています（文献6－15）。

面白いのは、昼寝を含めた子どもの一日の睡眠時間の長さは実行機能と関係しないという点です。夜に子どもが寝ることが重要ということでしょう。

ちなみに、このような偉そうなことを言っている筆者はというと、仕事から帰って子どもと風呂に入ったり、食事やその片づけをしたりしていると、あっという間に9時を回ってしまいます。早い時間に子どもを寝かせるのはなかなか難しいものですね。

### メディア視聴

家庭のルールという意味では、睡眠同様に家庭による違いが大きいのがテレビなどのメディアの視聴時間です。

テレビやインターネットの動画を見せると、子どもが静かにしてくれることから、ときにはメディアに頼らざるを得ないことはあります。

テレビなどのメディア視聴が子どもの発達にどのような影響を及ぼすのかというのは、一般的に関心が高い問題です。わが国では、2004年に日本小児科学会が、2歳以下の子どものテレビやビデオの長時間視聴は避けるべきだと提言を出しました。長時間のテレビ視聴で言葉の発達が遅れるという研究知見を受けてのことです。

実際には、テレビ視聴が子どもの発達に良い影響を及ぼすか、悪い影響を及ぼすかは、結果が混在しています。子どもに教育番組を視聴させることでむしろ言葉の発達が促進されるという結果もあります。一概に悪いとは言い切れないのです。問題は、何を、どの程度見せるかという点になります。

実行機能については、テレビ視聴はどのような影響があるでしょうか。実行機能の発達に影響を及ぼすのは、大きく二つです。

一つは、誰も見ていないにもかかわらず、ダラダラとテレビがついている状態です。ジョージタウン大学のバー博士らは、家庭における乳児期のテレビ視聴と思考の実行機能の関係を調べました（文献6－16）。その結果、1歳の時点において、大人向けの番組が長時間ついていればいるほど、4歳時点における思考の実行機能の成績が低いことが示されています。

なぜダラダラとテレビがついているのが悪いかというと、子どもが絵をかいたり、遊んだりする場合に、少し気になるシーンや音楽が流れると、子どもは今やっている活動を止めて、テレビに注意を奪われてしまうからです。この場合、子どもの意志ではなく、テレビの映像や音声によって活動を切り替えられています。思考の実行機能は、子どもが自分で主体的に頭を切り替える能力なので、実行機能は育まれないのです。

もう一つは、テレビの内容の影響です。暴力シーンは全般的に子どもの発達に悪影響があるので、子どもに見せることはお勧めできませんが、現在議論になっているのが、ファンタジーです。『トイ・ストーリー』などのアニメから、『ハリー・ポッター』などの実写版に至るまで、子どもはファンタジー作品が大好きですよね。

ヴァージニア大学のリラード博士らは、このようなファンタジー作品を見せた直後に思考の実行機能を測定すると、子どもの思考の実行機能の成績が低下することを示しています（文献6－17）。

また、テレビ以上に気になるのが、スマートフォンやタブレット端末などのデジタルメディアです。幼児でもYouTubeのコンテンツを好みます。テレビは受け身で視聴するだけですが、デジタルメディアにはタップするなどの双方向性があります。面白いことに、同じようなファンタジーコンテンツでも、双方向性があると、その後の実行機能の成績は低下しません（文献6－18）。テレビは受け身になってしまうので主体的に目標を達成する実行機能が低下しますが、デジタルメディアには主体的にかかわることができるので、実行機能は低下しないようです。

これらの結果を見ると、デジタルメディアにも利点があるようです。デジタルメディアを視聴しすぎると、視力や睡眠に悪影響がありますし、親子の交流が減ってしまうため、ネガティブな側面があることは確かです。

ただ、現在はスマートフォンなどのデジタルメディアに関するネガティブな側面ばかりが強調されているような気がします。ラジオやテレビのときがそうだったように、新しい技術が登場すると旧世代は苦言を呈するものです。ですが、スマートフォンや人工知能などによって育児の負担が軽減されたり、子どもの発達が促されたりすることは必ずあると考えられます。いかなる技術も使い方が重要なので、良い面も悪い面も考慮していきたいところです。

## 親の精神的な健康

子どもが健康に発達するためには、親のほうも健康的である必要があります。ところが、実際には、子育ては非常に楽しいものであると同時に、非常に重荷な側面もあります。

肉体的にも、精神的にも、子育ての時期に健康を崩すことは決して珍しくはありません。ここでは特に、精神的な健康について触れたいと思います。

現代の日本では、ワンオペ育児という言葉があるくらい、子育てが非常に孤立しています。母親が一人で子育てをし、かつ、周りに頼れる親戚や知人がいないということもしばしば見られます。

しかし、筆者自身子育てをして感じることですが、子どもの研究をしている筆者でも、子どもの病気については詳しくないため、子どもの調子が悪そうで、不安になることも少なくありません。病院に行くべきかと悩み、相談できる人も近くにいないので、ひとまず本やインターネットでこのような症状は何を意味するのか、と調べることもあります。

こうした育児にかかわるストレスは、親の精神的な健康を蝕むことがあります。産後に抑うつ状態になる母親の割合は、厚生労働省の統計でも約10％です。病的な状態になるのがこの割合なので、抑うつ傾向や不安傾向の親の割合はもっと高いと考えられます。

こうした親の精神的な不健康は、実行機能を含めた子どもの発達に負の影響を及ぼします。抑うつの場合は、精神的な健康にも波があるので、その状態によって子どもへのかかわり方が一貫しないこともあり、子どもは困惑してしまいます。

わが国では、主たる養育者は依然として母親であり、母親がストレスやホルモンの影響などによって精神的な健康を崩すことが多いので、母親の精神的な健康をサポートすることは何よりも重要です。特に、産前から産後数年にわたって精神的なバランスを崩しやすいときに、周囲の人間がしっかりとケアする必要があります。もちろん、もっと根本的な問題は、父親の育児参加が少ないことなのですが。

### 居住地域

次は、居住地域の問題です。どこで子育てをするかというのは親の頭を悩ます点なので触れておきたいと思います。

筆者も、独身のときには居住地域について考えをめぐらすことはありませんでしたが、家族と生活するようになると、保育園の関係で住む地域を真剣に考えました。居住地域は子どもの発達に影響を与えるのでしょうか。

近年の分析によると、居住地域は、居住する同じ年代の子どもの言動や、大人の質、および、地域の結びつきの強さなどによって、子どもに影響を及ぼします。

子どもの年齢が低い間は、居住する地域が近い子どもと仲良くする傾向が強いため、周りの子どもに実行機能が備わっていなかったら、その影響を受けます。また、地域に住んでいる大人が子どもの悪い振る舞いを助長するのか、それとも、監督して正すのかという点は、子どもの実行機能にとって影響があります。

カナダで行われたある研究では、居住地域の安全性、近隣住民との結びつき、ゴミが捨ててあるかなど、居住地域が子どもの発達に及ぼす影響が検討されています（文献6－19）。

その結果、近隣住民との結びつきが強いところに住んでいたり、安全で地域の問題が少ないところに住んでいたりすると、子どもの自分をコントロールする力が育まれやすいことが示されています。

## 文化の影響

次に、より大きな環境要因として、文化による影響を見てみましょう。世界的に見ると、日本人は自分をコントロールできる人々というイメージがあるようです。筆者の経験では、アメリカ、ヨーロッパ、南米、東南アジアの知人に、日本人は、勤勉で感情を表に出さず、自分を律するイメージがあると言われたことがあります。

日本人もこのようなことを自任しているところがありますが、日本人の皆が映画で見る高倉健さんのように自制心が高いわけでもないですし、筆者の国外の知人にも、筆者よりも何倍も勤勉で実行機能が高い人がたくさんいます。実際のところどうなのでしょう。

実行機能の文化差については、主に、西洋諸国と東アジア諸国の比較がなされ、西洋諸国の子どもよりも、東アジアの子どものほうが、実行機能が高いことが示されています。

中国とアメリカの幼児の思考の実行機能を比較した研究では、中国の子どもは、アメリカの子どもよりも思考の実行機能が高いことが示されています。また、韓国の幼児と、イギリスの幼児を比較した研究でも、韓国の子どもの成績が良いという結果が報告されています。

そうすると、日本の幼児も欧米の幼児よりも実行機能が高いような気がしてきますよね。そう思い、筆者は、日本の子どもとカナダの子どもの思考の実行機能の発達に違いがあるかどうかを調べました（文献6−20）。

その結果、この研究では、思考の実行機能において日本とカナダの違いは見られませんでした。筆者以外の研究者らも、概ね日本の子どもと欧米の子どもの間には大きな違いが見られないことを示しています。

つまり、子どもの将来にとって重要な実行機能は、日本人が特段優れているという証拠はほとんどないということになります。我々はこのことを認識し、実行機能をしっかりと育む必要がありそうです。

## バイリンガル

文化の関連で言うと、バイリンガルの子どもは思考の実行機能が高いことが示されています。

たとえば、第3章で紹介したルール切り替えテストでは、幼児はあるルールと別のルールを切り替える必要がありました。ヨーク大学のビャリストク博士は、この課題を英語と中国語のバイリンガル児と、英語のモノリンガル児に与え、その成績を比較しました（文献6－21）。

その結果、子どもの言語年齢はモノリンガル児のほうが高いのにもかかわらず（一つの言語しか学んでいないので、二つの言語を学ぶよりも、言葉の習得が早いため）、ルールを切り替える能力はバイリンガル児のほうが高いことが示されました。

筆者らも、日本語とフランス語のバイリンガル児と、日本人のモノリンガル児を比較したところ、やはりバイリンガル児のほうがルール切り替えテストの成績が良いという結果が得られています。

なぜバイリンガル児のほうがうまくルールを切り替えることができるのでしょうか。バイリンガル児は、二つの言語のうち一つの言語に焦点をあて、もう一つの言語を無視するという経験と、言語を柔軟に切り替えるという経験によって、頭の切り替えが得意になるようです。

たとえば、父親が英語話者で、母親が日本語話者の場合、子どもは父親と話す場合は英語、母親と話す場合は日本語を用いなければなりません。父親と母親と子どもの3人で会話をする場合、その都度子どもは言葉を切り替える必要があります。そのような経験から、子どもには思考の実行機能が育まれるのだと考えられています。

ただし、最近の大規模研究で、バイリンガルの効果は非常に小さい可能性も報告されています（文献6―22）。バイリンガルの家庭は、そうでない家庭よりも、裕福であることが多く、前述のように裕福な家庭の子どもは実行機能の成績が良いことから、家庭の社会経済的地位を統計的に考慮すると、バイリンガルの効果が小さくなってしまうのです。つまり、バイリンガルかどうかよりも、家庭が裕福であるかどうかのほうが実行機能に与える影響が大きいようです。

## 子育てについて言えること

以上のように、自分をコントロールする力、すなわち、実行機能の発達に影響を与える遺伝的・環境的要因について見てきました。これらを見て、子育てについて考えを巡らせた方もいるかもしれません。最後に、子育てについて、これらの研究からどういうことが言えるのかをまとめてみたいと思います。

これらの研究から、実行機能に悪影響を与えるものは非常にはっきりとした結果が出ています。つまり、「これをしたら子どもの実行機能に良くない」ということは明確に言えます。それは、ネグレクトなどの虐待であり、体罰であり、親の精神不安定であり、テレビやスマートフォンの長時間視聴であり、睡眠不足です。特に一番の悪影響は、虐待や体罰などによって、子どもとの関係性が築けず、子どもに安心した環境を与えないことです。虐待がひどければひどいほど、体罰をすればするほど、子どもの実行機能の発達は悪影響を受けてしまいます。

一方で、実行機能の発達に良い影響を与えるものについては、それほど明確なことは言えません。現在のところ言えるのは、支援的な子育てが良い、一部の管理的な子育ても大事だ、というくらいです。

なぜこのようなことを言うのかというと、現在、世の中には「天才を育てる育児法」「脳科学に基づく子育て」などの子育て本や情報が溢れています。育児の専門家を称する人、脳科学者、天才を育てたと自任する親などがそのような本を書いたり、ＳＮＳやブログなどで発信したりします。

ところが、それらに目を通してみると、ほとんどが科学的な根拠がないか、あっても浅薄なものばかりです。なぜこんなに自信満々に根拠がないことを言えるのだろうと不思議に思えるくらいです。そして、そのような方々は「子どものために○○するべきだ」と強い言葉で言います。

筆者が懸念するのは、親が、これらの言葉に振り回されることです。ただでさえ子育ては忙しいのに、親は子どものためになるのであればと、「○○するべきだ」を実践しようとします。これが親を疲弊させ、健康を蝕みます。親の精神衛生は子どもの発達に大きな影響力を持つので、結果として、子どもにも不利益になってしまいます（文献6－23）。

科学的な視点から言えることは、

①虐待や体罰など、子どもに悪影響になるようなことは絶対に避ける

②子どものことをしっかりと見つめ、子どもとの関係性を大事にし、安全で安心した生活ができるよう環境を整備する
③子どもの力を信じ、親が先回りせず、後ろから支える
④しっかりとした生活習慣を築かせる

です。

**本章のまとめ**

- 実行機能の発達には、遺伝的要因と環境的要因の両方が関係するが、子どものときは環境的要因がより重要
- 胎内環境は重要で、早産は実行機能の発達のリスク要因
- 支援的な子育ては良い影響が、極端な管理は悪い影響がある
- 親の振る舞い、夫婦仲などの家庭の雰囲気も重要
- 睡眠やメディア視聴の方法、生活習慣も影響がある

次章では、実行機能を鍛えるための方法を見ていきます。

# 第７章　実行機能の鍛え方

第6章で、自分をコントロールする力である実行機能の育て方について見てきました。遺伝的な要因も重要であるものの、子どもにおいては、子育てなどの環境的な要因が与える影響が非常に大きいことが示されています。

そうすると、実行機能を鍛えたり支援したりすることができそうです。国外では実行機能の低い子どもたちを支援する動きが広がっています。どのような方法で実行機能を支援できるのでしょうか。このことについて考えていきます。

**実行機能の訓練**

子どもの実行機能を訓練する研究はまだまだ途上です。世界中の研究者が実行機能を向上させようとさまざまな方法を試みています。本書執筆時点での最新の成果を紹介しますが、5年後や10年後には異なった結果が出ている可能性はあります。

改めて、なぜ、研究者たちは実行機能の訓練にそれほど注目しているのかについて考えてみましょう。一つの理由は、第2章で紹介したように、子どものときの実行機能の高低などが、その子どもの後の学力や友人関係、大人になったときの経済状態や健康状態を左右するためです。もう一つの大きな理由は、実行機能はＩＱなどよりは、支援や環境の影響を受けやすいと考えられるためです。

実行機能を鍛えるためにどのような訓練が有効であるのかは、科学的に調べることが可能です。世の中には、子どもの能力開発を謳《うた》うかなりうさんくさい教育方法や塾まがいのものがあるので、この点を理解することは極めて重要です。

たとえば、子どもが家で、ある英語CDを2ヵ月間聞き続けて、その後で英語のテストの成績が向上したとします。この場合、この英語CDのおかげでテストの成績が向上したのでしょうか。

そうではないかもしれません。たとえば、子どもが学校で日常的に英語の授業を受けていたら、英語の授業のおかげでテストの成績が向上したのかもしれません。

こういう場合、いくつかのグループを用意し、そのグループにランダムに子どもを参加させることで、英語CDの効果だったかを調べることができます。たとえば、英語CDを聞くグループと、それと比較するグループを置きます。前者を実験群、後者を比較群とか対照群と呼びます。

この比較群は、できるだけ実験群と同じような活動をすることが望ましいとされています。たとえば、英語CDを聞くグループとの比較であれば、何もしないよりは、英語以外のCDを聞くグループのほうが良いということになります。

ランダムというところが大事です。研究者側が、成績が上がりそうな子どもを実験群、そうではない子どもを比較群に当てはめても意味がないためです。ランダム化比較試験と呼ばれます。

比較群と比べて実験群のほうがより英語のテストの成績が向上していれば、英語CDの効果があったと結論づけることができます。逆に、両群で同じようにテストの成績が向上していれば、英語CD以外の効果だということになります。

このような方法を用いて有効だと言える方法こそ、科学的に信頼できる方法と言えます。以下では主にそのような方法を用いて実行機能を訓練した研究について紹介していきましょう。

前半では個別の子どもを対象にした方法を紹介し、後半では集団としての子どもを対象にした方法について紹介します。

## 反復練習

まず、多くの研究者が採用しているのはひたすら練習をするという方法です。この方法では、コンピュータなどを用いて大量の練習を課し、その前後で実行機能が改善するかを調べます。

ここでは、コブレンツ・ランダウ大学のカバチ博士の研究を紹介しましょう（文献7）

1)。まず、子どもに切り替えのテストをやってもらい、訓練前の子どもの思考の実行機能を調べます。

当然、子どもはこのテストで多くのミスをしてしまいます。ルールを切り替えるときに、正しくルールを切り替えることができません。

その後に、切り替えテストと同じようなゲームを用いてひたすら訓練します。ドリルみたいなものですね。

一定の基準に達したら訓練が終わり、その後に、もう一度切り替えのテストを子どもにやってもらいます。訓練前後でテストの成績が変化するかどうかを調べます。

こうした訓練の結果、思考の実行機能の成績が、訓練後に向上することが示されました。

**振り返り**

今ご紹介した方法はひたすら練習を繰り返すことによって実行機能を向上させようとしています。ですが、練習を繰り返すだけでは、あまり効果的ではありません。もう一手間加えた訓練方法を紹介しましょう。

教育現場では、子どもに対して学習内容を授業の最後に振り返ることを求めます。学んだ漢字や算数の公式などを振り返り、復習することで知識の定着が促されます。

実行機能の訓練においても、このような振り返りをすることによって、訓練の成果が出やすいことが示されています。

再び切り替えテストを例にしましょう。ミネソタ大学のゼラゾ博士らの研究です（文献7－2）。この研究では、訓練の前後に切り替えテストを与えて、訓練によってテストの成績が向上するかどうかを調べました。

訓練では、テストと同様に、切り替えのゲームが子どもに与えられます。このゲームで子どもがミスをしたときに、ミスについて振り返らせます。形ルールで分ける必要があるのに色ルールで分けた場合、今どのルールで分ける必要があったのかを子どもに考えさせます。そのうえで、実験者がお手本を見せます。その後に実際に子どもに分けさせるのです。

このようにして子どもに自分のミスについて振り返ってもらい、どういうミスをしたのかをしっかりと考えてもらうことで、子どものミスは大きく減少しました。振り返りを入れると効果的なのです。

このようなプログラムは多くの研究者が採用していますが、筆者の考えとしては、訓練のために大人しく座っていることができるだけでも、その子どもはある程度実行機能があるのではないかと思います。筆者自身は子どものときにじっと座っていることが苦手であり、授業中にもよく席を立っていました。大人しく座っていることができない子どもに対してどのような訓練が有効でしょうか。

## 運動

座っていることのできない子どもには、むしろそういう活発な性格を利用したらいいかもしれません。そこで、運動を通じた訓練方法が提案されています。小学生を対象にしたジョージア大学のベスト博士の研究を紹介しましょう（文献7－3）。

この研究では、四つの活動が思考の実行機能に与える影響を比較しました。

一つ目は座ってビデオを見るという活動です。二つ目は、座ったままできるテレビゲームです。ここでは任天堂Wiiの「スーパーマリオワールド」を使っています。

三つ目は、体を使うテレビゲームで、こちらもWiiなのですが、マラソンのゲームで、実際に走るかのような身体運動を伴います。四つ目は、少しだけ体を使うゲームで、ジョギングしたり動いたりするかのような身体運動を伴います。三つ目と四つ目は、一つ目と二つ目に比べて、運動の負荷が高いということになります。

子どもは、それぞれの活動に参加した後に、思考の実行機能のテストを受けました。その結果、身体的な活動量が多い三つ目と四つ目の活動に参加すると、実行機能の成績が良いことが明らかになりました。運動は実行機能を向上させる効果がありそうです。

また日常的な運動習慣も長期的には実行機能の発達にとって重要です。たとえばエアロビクスのように複雑な運動も実行機能を向上させることが示されています。エアロビクスの場合、ある運動と別の運動を切り替えたりするので、実行機能のよい訓練になります。子どもにダンスやエアロビクスなどを習わせるのも有効かもしれません。

運動は、高齢者の研究などでは非常に有効な方法とされ、子どもへの応用が期待されています。ただ、現代の子どもは、単純な運動というよりは、サッカーなどのスポーツを習い事にすることが多いかもしれません。スポーツは実行機能に影響を与えるでしょうか。

## ロジャー・フェデラー

実は、単純な運動よりも、スポーツのほうが実行機能を向上させます。特に有名なものとして、テニスとサッカーが挙げられます。ここではテニスについて見ていきましょう。

テニスは個人競技ですが、相手との長い戦いのなかで、自分の感情や行動を持続的にコントロールする必要があります。たとえば思い通りにボールを打てなかったときや、サーブが入らないときに、どうしてもいらいらしてしまいます。実際、テニスの試合を見てみると、プロのかなり高いランキングにいる選手であっても、ラケットを叩き壊したり、放り投げたりします。このようなときに頭の切り替えは必須です。

テニス界史上最強とも言われるスイスのロジャー・フェデラー選手は、今でこそスポーツマンシップにあふれ、試合中も紳士的な振る舞いで世界中にファンがいますが、若い頃はお世辞にも自制心がある選手とは言えなかったようです。

子どもの頃は、集中力がなく、感情的でいつもエネルギーをもてあまし、何よりじっとしていられなかったようです。また、とにかく負けず嫌いで、相手にショットをきめられると、怒り出して、相手に負け惜しみを言っていたというエピソードも残っています。

フェデラー選手の母親から見ても自分をコントロールする力がない子どもに映っていたようですが、心理学者の力を借りて、自分をコントロールする力を身につけるよう試みたのです。その影響があったのか、フェデラー選手の素行の悪さは鳴りを潜め、スーパースターの階段を駆け上がっていきました。

最近の研究は、テニスの経験によって、子どもの実行機能が身につくことを示しています。

玉川大学の石原博士らの研究は、6歳から12歳の児童を対象に、テニスの経験の長さと、思考の実行機能の関係を調べました（文献7－4）。その結果、特に男子において、テニスの経験の長さと、思考の実行機能が関連していることが明らかになっています。

運動とスポーツについてまとめてみると、スポーツが難しい幼児には単純な運動をすることが、小学生以上の子どもにはスポーツが有効な方法だと言えそうです。

ただ、皆が運動を好きなわけではありませんよね。楽器を弾いたり、絵をかいたりすることが好きな子どもも多いでしょう。こういった活動は実行機能に影響を与えるのでしょうか。

**音楽**

筆者自身は子どもの頃は運動が好きで、音楽などはからっきしでしたが、ピアノを習う友達も大勢いました。東大生の子どもの頃の習い事としてピアノが挙げられることも多く、なんとなく音楽は子どもの成長に良いという印象がありますよね。

実際の研究でも、子どもの知能や記憶の発達に音楽が有効であることが示されています。

ロットマン研究所のモレノ博士らの研究では、4歳から6歳の幼児が参加し、二つのグループに分けられました（文献7－5）。一つは、音楽を通じた訓練を受けるグループであり、もう一つは美術を通じた訓練を受けるグループです。どちらのグループも、1日1時間の訓練を二度（休憩を1時間挟む）、週に5日、4週にわたって訓練を受けました。

音楽の訓練は、主に、リズム、ピッチ、メロディなどの音楽の基本的な特徴を区別したり、学習したりすることの他に、音楽に関する概念や理論を学んだりするなど、多岐にわたる内容でした。

もう一つの美術を通じた訓練を受けるグループは、形、色、線などの美術の基本的な特徴を区別したり、学習したりしました。

どちらのグループも、訓練の前後に、IQと実行機能のテストをされ、これらのテストの成績が訓練を通じて向上するかどうかが調べられました。

その結果、美術訓練を受けたグループは、IQも実行機能もほとんど変化がありませんでした。一方、音楽を通じた訓練を受けたグループは、IQと実行機能が向上しました。

筆者らのグループの研究結果も、音楽プログラムが幼児の思考の実行機能を向上させることを示しています。

音楽を通じた訓練は、筆者は個人的には、非常に有望な方法だと考えています。それは何より、子どもが音楽を楽しみ、他の子どもと一緒に取り組むことができるためです。実行機能が主体的に行動をコントロールする力であることを考えると、どんなに有効な方法でも、子どもがいやいややるような方法ではあまり効果は出ないでしょう。

ここまではゲーム、運動、音楽と日常的な活動について紹介してきましたが、ここで少し話を変えて、非日常の世界のお話をしましょう。

## マインドフルネス

子どもに限らず、ビジネスマンにも人気のあるプログラムが「マインドフルネス」です。マインドフルネスとは、瞑想やヨガなど、自分の身体や精神、呼吸などに注意を向ける活動のことを指します。

筆者らは最近、タイの共同研究者らと、マインドフルネスが子どもの実行機能を向上させるかを検討しています。

マインドフルネスは、宗教を思い起こさせるかもしれませんが、現在一般的に用いられているものは特定の宗教や宗派に基づいたものではありません。ラジオ体操やヨガのようなちょっとした活動だと考えてください。

マインドフルネスでは、身体や精神に対して集中することや、また、今という瞬間に集中することを重視しているため、自分をコントロールする実行機能を向上させると考えられています。

ここまで紹介してきた研究のほとんどが、欧米諸国など先進国において実施された研究です。これらの国々でも実行機能は重要だと思われますが、先進国以外の国々においても、実行機能の支援は喫緊の課題です。

タイの首都バンコクの隣のサラヤという都市にある、マヒドン大学分子生物科学研究所の研究者から、数年前に筆者のところに連絡がありました。タイの子どもは実行機能に大きな問題を抱えている。この能力を育てるためのプロジェクトを開始したから、手伝ってくれないかというのです。

タイといえば、微笑みの国として知られているくらい、人々は穏やかで、治安もよく、観光客としては非常に過ごしやすい国です。筆者の印象としては、タイの人々が実行機能に問題があるとは思えませんでしたが、タイに行ったことがなかったこともあり、誘いに応じてタイを訪れました。

そこで、先方の研究者から、衝撃的な事実を知らされたのです。それは、研究者らの調査によると、タイの子どもの約30％が実行機能に問題を抱えているというのです。3人に1人の計算になるので、私は非常に驚きました。

知り合いの研究者によれば、タイの子どもは、目の前の快楽に飛びついてしまい、勉強ややるべきことをすぐにおろそかにしがちで、特に、学校での授業が成り立たないということです。また、違法薬物に早くから手を出す子どもが多く、国家的な問題になっています。そのため、その研究者らは、政府や企業を巻き込んで、実行機能の発達の支援をするためのプロジェクトを開始しています。

知り合いの研究者らはタイ政府や企業などと連携して、学校の教師などを対象とした実行機能の勉強会をタイ各地で毎週のように開き、また、筆者のような国外の専門家を毎年のように招いて、国内に実行機能という概念を周知しようと精力的に活動しています。

## タイの保育園での研究

筆者らは、タイの保育園に入り、マインドフルネスが子どもの実行機能を向上させるかどうかを調べました。マインドフルネスの訓練として、マヒドン大学の大学院生が、既存のトレーニングと、タイの僧侶たちが行っている瞑想とをブレンドして、新しいプログラムを開発しました。

プログラムは大きく二つから構成されます。毎日やる短い活動と、週に3回、各40分間の保育プログラムの一部としてやる長い活動です。これを8週にわたって続けました。

前者は、毎朝1―3分間、自分の呼吸に対して集中するという活動です。もっともポピュラーなマインドフルネスの活動です。

保育プログラムは以下の四つのパートから構成されました。

・注意力：呼吸に注意を向け、少しでも気が散りそうになったら、呼吸に注意を向けなおします。
・感覚：自然に感謝し、味覚や嗅覚などを存分に発揮させます。
・運動：自分の身体感覚について学び、身体をどのようにしたらコントロールできるかを学びます。
・感情：感情について学び、感情をコントロールする方法について学びます。

これらの活動を通じて、自分の身体や感情についてしっかりと認識し、そのうえでそれらをコントロールできるように学ぶことを目的としています。

これらの前後に、感情の実行機能と思考の実行機能を測定しました（文献7－6）。その結果、マインドフルネスは特に感情の実行機能に非常に有効であることが示されました。感情をコントロールすることを目的としているので、これは当然の結果と言えるかもしれません。また、思考の実行機能も一部の子どもでは向上しました。

この方法はタイの子どもに向けられたものなので、このままのやり方が日本の子どもに当てはまるとは限りませんが、マインドフルネスは有効だと考えられます。

以上、ここまで、個々の子どもを対象にした実行機能の向上訓練について見てきました。筆者らのマインドフルネス訓練は保育園で実施しましたが、一人一人が行った訓練です。

ここからは、保育や幼児教育などの場で行われる、集団活動について見ていきましょう。

## 家庭教育を補償する幼児教育・保育

そもそも幼稚園や保育園に行くこと自体が子どもの実行機能の発達にとって重要な意義があります。

特に、この点は、家庭に問題がある子どもにとって顕著です。第6章で、家庭環境が子どもの実行機能に与える影響について見てきました。貧困層やネグレクトがなされている家庭では、それ以外の家庭よりも、子どもの実行機能が著しく低いことが示されています。

これは、子どもがストレスを経験することが多いこと、しっかりと関係を築くことができる大人がいないことに起因していることを説明してきました。

そうだとすると、幼稚園や保育園において、子どもがストレスを経験せず、楽しく過ごすことができると、子どもの発達を支えられるかもしれません。好きな教諭や保育士がいて、関係を築くことができれば、子どもは実行機能を育むことができるかもしれないのです。

実際、子どもは親以外に保育士とも、アタッチメントを築くことができます。特に、親との関係がうまくいかない場合でも、保育士とのしっかりとした関係性を形成できる事例が報告されています。

さらに、幼稚園もしくは保育園に通うことが子どもの実行機能を下支えする可能性が最近の研究から示されています。

東京大学の山口博士らの研究は、母親の最終学歴が高校卒業未満の家庭と、そうではない家庭の子どもが、保育園や幼稚園に行くことでどのような利益があるかを調べました(文献7－7)。母親が子どもに与える影響が大きいのは第6章で触れた通りです。この研究では実行機能そのものは測定していませんが、多動性という、実行機能と関係する行動を測定しています。

その結果、母親の学歴が高卒未満の家庭は、幼稚園や保育園に通うことによって、子どもの多動性が著しく減少することが示されています。一方、母親の学歴が高卒未満の家庭以外では、幼稚園や保育園に通うことは子どもの行動にあまり影響を与えていませんでした。

このように、幼稚園や保育園に通うこと自体が子どもの発達にとっては重要であるようです。とはいえ、幼児教育や保育の質もさまざまです。幼児教育や保育の内容や質が子どもの実行機能にどのような影響を与えるかを見ていきましょう。

**幼児教育・保育の質**

近年は、幼児教育・保育の質をさまざまな形で測定する試みがなされています。ここでは、実行機能との関係が示されている幼児教育・保育の質について紹介したいと思います。

イリノイ大学シカゴ校のゴードン博士らの研究グループは、三つのカテゴリーからなる幼児教育・保育の質評価を行っています（文献7－8）。一つは、園のハードウェアにあたる部分です。園の広さや備品などが含まれています。二つ目と三つ目はソフトウェアにあたる部分で、二つ目は教諭・保育士による子どもの健康や衛生に関するかかわり方です。たとえば、トイレットトレーニングや睡眠などをうまく導けているかが評価されます。三つ目は、子どもとのやりとりにあたる部分で、うまくコミュニケーションを取れているかなどを含んでいます。

訓練された観察者が、幼児教育・保育の様子を見て前記の三つの質を評価し、子どもの実行機能などの発達とのかかわりを検討しました。

その結果、二つ目と三つ目の幼児教育・保育の質が、子どもの実行機能とかかわることが示されました。つまり、子どもの健康や衛生に関するかかわり方が上手く、子どもとのやりとりが円滑な幼児教育施設では、子どもの実行機能が育まれやすいのです。

健康や衛生に関するかかわり、たとえばトイレットトレーニングなどは、大人側にとっても子どもにとっても忍耐の連続です。便座に座りたくないという気持ちを抑えて座ることなどにより、子どもの実行機能は育まれるのだと考えられます。また、子どもとのやりとりについても、第6章で触れた支援的な養育行動の効果と同じだと考えられます。

このように、教諭・保育士のかかわりは、子育てで重要だった部分と通じるところが多いのです。

ただ、もちろん、幼稚園や保育園ならではのものもあります。それが、集団の子どもにかかわるという部分です。家庭では、親と子どもは一対一ですが、幼稚園や保育園では一対複数です。

このような集団の子どもに対して、どのようなプログラムなら実行機能を鍛えることができるのでしょうか。

## 心の道具

集団活動のなかで、現在世界で最も注目されているのが、「心の道具」というプログラムです。そのため、ここでは少し詳しく紹介したいと思います。

このプログラムでは、子どもたちに道具を使わせることで実行機能や読み書き能力を高めようとします。ここでの道具は、物理的な道具も含みますし、心理的な道具も含みます。

心理的な道具とは、言葉や遊びなどのことを指します。たとえば言葉は私たちの考えや行動を支えています。言葉を使わなくても私たちは考えることができますが、言葉を使うことで論理的推論などの複雑な思考が可能となります。このように、言葉を「道具」として使うことで、私たちの実行機能は支援ができるのです。

この研究にはいくつかの重要な活動があるのですが、ここでは重要な四つの活動について詳しく紹介します。

①物理的な道具による外的な補助

幼い子どもは、まだ自分をコントロールすることはできません。そういう場合に、前章で紹介したように、親や教師などによる支援的なかかわりが重要になってきます。

支援の一つとして、物理的道具を使うことで、コントロールしやすくする方法がありま す。大人でも自分のスケジュールを自分の記憶力だけでは覚えきれませんが、手帳やスマートフォンなどの外部記憶装置を使って、記憶の補助をしますよね。

このプログラムでは、絵を使って子どもの実行機能を支援します。子どもが二人でペアになって、一冊の絵本を交代で読んでいくという活動を例にしましょう。子どもは、どちらも自分が絵本を読みたくて仕方がありません。実行機能が必要な状況になります。

その際に、片方の子どもには口の絵を、もう片方の子どもには耳の絵を渡します。口の絵を持ったほうが話を読み、耳の絵を持ったほうは聞き役です。途中で絵を交代し、役割も交代します。うまく自分をコントロールできない子どもも、絵という道具を与えられて、役割がはっきりすると、うまくコントロールできるようになります。この活動を繰り返すなかで、そのうち絵が必要なくなり、聞き役が絵本の内容について質問するなど、より発展的な活動に推移していきます。

②友達の行動をチェックする

人の振り見て我が振り直せと言いますが、子どもは、友達の行動を見ることで自分の実行機能を発達させます。この活動も、友達とペアで行います。

たとえば、友達が物の数を数える活動をしている場合に、子どもは友達がその活動を正しく行うことができているかをチェックするように求められます。チェックシートのようなものを渡され、逐次チェックしていきます。

この活動では、友達が正しく活動を行うことができているかをチェックし、この活動を振り返り、深く考えるようになります。先述の振り返り訓練が含まれているのです。これによって、自分がその活動をやるときに、しっかりと考えて取り組むことができるようになります。このようなくせをつけることで、実行機能も身についていきます。

③独り言を使った行動をコントロールする

子どもの独り言はほほえましいですが、この独り言は、子どもの発達のうえで重要な意味を持っていると考えられています。この点を少し説明します。

私たちが何気なく使っている言葉には、他の人と話すという役割の他に、考えるという役割もあります。私たちは日常的に、頭のなかで考えるために言葉を使っていますよね。「今日の夕飯のおかずは何にしよう」とか、「明日会社休みたいなあ」などのように、自分だけのために使う言葉があります。こういう自分のためだけの言葉が、ポロッと独り言として口をつくと恥ずかしい思いをすることもあるでしょう。

子どもにおいて言葉には、まず、他の人と話すためという役割があり、成長とともに考えるためという役割も持つようになります。1歳から2歳頃にかけて、子どもが話し始める頃、言葉は純粋に何かを伝えるために使用されます。「あれとって」とか、「あれなあに」など、親や周りの他者とのコミュニケーションのために言葉は使われます。

それが、成長とともに、子どもは考えるための言葉も発するようになります。周りに誰もいないのに「これなんだろう」とか、「これすきならただ」などと発するようになります。他の人と話すための言葉と、考えるための言葉が、両方とも言葉として出てくる時期です。後者が独り言です。

5歳頃にかけて、独り言が減っていきます。発話として表出していた独り言（「これなんだろう」など）が、発話として出なくなるのです。

つまり、子どもの独り言とは、本来考えるために用いられる言葉を発声している状態です。特に、難しい問題に取り組んでいるときに独り言が出やすいようです。私たち大人も、難しい仕事を与えられた場合、ついつい独り言を言ってしまうことがありますよね。

子どもも、言葉として出すことによって、問題を解こうとしているようです。そして、独り言を多く発する子どもほど、実行機能や難しい問題を解く能力が高いのです。

プログラムでは、この点を重視します。たとえば絵をかいたり文字を書いたりする際に、まず、教師が独り言を言いながら活動するお手本を見せ、独り言を言って活動するよう指示します。その後、子どもたちに実際に活動させる際に、独り言を言うように奨励するのです。

このように独り言を奨励することで、実行機能は向上するのです。

④劇を行う

最後に、ごっこ遊びです。子どもたちは、グループで、どのような劇を行うかの計画を立てるように指示されます。たとえば、「あなたがお母さんで、私が赤ちゃんのふりをしよう。私が風邪をひいたので、あなたは私をお医者さんに連れて行って。あなた（別の子）がお医者さんだから、お薬をあげてね」というようなシナリオを立てたとします。このシナリオに子どもたちが賛成した場合、実際にその劇を行います。

劇をすることによって、友達内でルールを共有し、友達からの期待を理解する必要が生じます。また、これによって、自分の行動を否応なくコントロールする必要が出てきます。友達と共有したルールに反するような行動はできないのです。たとえば、お母さん役の子どもが、お薬を出してはいけませんよね。

ブリティッシュコロンビア大学のダイアモンド博士らは、ここで紹介した四つの活動を、1年ないし2年間幼児を対象に実施しました。その結果、別のプログラムに参加した子どもよりも、思考の実行機能が向上しました（文献7－9）。保育活動のなかに取り入れることで、子どもの実行機能が高まるようです。

## モンテッソーリ教育

心の道具プログラムの効果検証が世界中でなされており、ある程度有効であることが示されています。これ以外の活動についてはまだまだ検証が途上ですが、有望とされているのがモンテッソーリ教育です。

将棋の藤井聡太棋士が通っていたことでも有名になったので知っておられる方も多いかもしれません。イタリア人の医学博士であるマリア・モンテッソーリが提唱した教育方法で、当初は障害児に対して行われていたのですが、健常児にもその範囲を広げ、20世紀初頭から伝統的な教育方法とは異なる幼児教育の一つとして始まりました。

モンテッソーリ教育といえば、独特の教具や異年齢教育が取り上げられることもありますが、最大の主眼は子どもの自主性を重視するという点です。教師や親などに外発的に動機付けられるのではなく、子ども自身で、考え、決断することが推奨されます。

モンテッソーリ教育を受けている子どもと、通常の幼児教育を施されている子どもの実行機能を比較した、ヴァージニア大学のリラード博士らの研究があります（文献7－10）。この研究では、モンテッソーリ教育を受けていた子どもは、通常の幼児教育を受けている子どもよりも、思考の実行機能に優れることが明らかになっています。

実行機能は、子どもが自主的に目標を達成するための力ですから、やはり自主性を育むことが大事なようです。

本章で、さまざまな方法について紹介してきました。ここで紹介したプログラムは、特に、実行機能に問題を抱えている子どもに対して有効のようですが、研究によっては、最も有効だとされている心の道具プログラムでも、効果があまり見られないという報告もあります。また、いずれも現在のところ、短期的には有効性が認められていても、長期的な影響は今後の検証が必要です。

これを読んだ方のなかには、大人の実行機能は鍛えられるのか、疑問に思った方もいらっしゃるでしょう。本章の最後に、大人の実行機能が鍛えられるのかについて考えてみたいと思います。

## 大人の実行機能は鍛えられるか

　実行機能が必要なのは子どもだけではありません。第1章で紹介したように、大人も毎日さまざまな場面において実行機能を使っており、実行機能がうまく働かないと人生の岐路に立たされることもあります。なかなか食欲を抑えられない人、気分が落ち込んだときに頭を切り替えられない人など、実行機能を鍛えたいと思うことも少なくないでしょう。

　大人を対象にした研究も進められていますし、実行機能は筋肉のようなもので、使えば使うほど鍛えられると考える研究者もいます。実際に、訓練を施して、実行機能が伸びていることを示す研究は多数報告されています。

　ただし、個々の研究を基に実行機能が鍛えられると判断するのは危険です。子どもの研究と比べて、大人の研究は非常にたくさんなされています。そのため、さまざまな研究結果を総合して分析するメタ分析という方法を使った研究を見てみましょう。

　まず、ザールラント大学のフリーゼ博士らは、33の実行機能にかかわる研究結果をメタ分析しました（文献7－11）。この分析には、感情の実行機能とかかわる研究が多く含まれています。この研究では、利き腕ではない手を使って日常生活を送ること（歯を磨くなど）、すぐに使いそうになるスラングを使わないこと、などの訓練が含まれています。この研究の結果、大人の自分をコントロールする能力は少しですが鍛えられることが示されています。特に、女性よりも男性で効果が強いようです。フリーゼ博士らは、女性と比べると、男性のほうが衝動的であるため、訓練の余地があるのではないかと述べています。

思考の実行機能についてはどうでしょうか。こちらについては、さまざまなメタ分析がなされていますが、一例として、シドニー大学のバーニー博士らの分析は、48の思考の実行機能の研究をメタ分析しました（文献7－12）。ここでの研究は、主にコンピュータを用いた反復訓練で高齢の大人の実行機能を鍛えようとしています。その結果、こちらもわずかながら、訓練の効果が見られています。

また、運動とコンピュータを使った訓練のどちらが有効かを調べたメタ分析では、コンピュータを使った訓練のほうが有効であることも報告されています。

これ以外にも、思考の実行機能で必須となる目標の保持（第3章参照）を鍛える研究も多数なされています。同じくコンピュータを使った訓練で、わずかではありますが思考の実行機能を鍛えることができるようです。

このように、大人でも実行機能を鍛えることは理論上可能です。ただし、これらの研究に問題がないわけではありません。たとえば、訓練をすることで実行機能が向上したとしても、その訓練を継続しない限りはその効果は一時的なもので、3ヵ月後などに再調査すると、訓練の効果がなくなっています。筋肉もそうですが、やはり鍛え続けることが大事なようです。少しの間だけ訓練したところで、その効果は長続きしません。

また、実験室のなかで実行機能が鍛えられるように思えたとしても、日常生活で必要とされる問題にはあまり役に立たないことも知られています。

研究者の間でも、この問題については意見が大きく分かれています。2014年に、心理学者や神経科学者らが、実行機能を含む認知機能の訓練は、訓練されたテスト以外にはあまり応用できない、効果がないという声明を発表しました。ところが、面白いことに、同じ2014年に、別の研究者とセラピストらが、認知機能の訓練は訓練されたテスト以外にも効果がある、という声明を発表しています。全く正反対の声明が発表されているのです（文献7－13）。

一般向けにも「脳を鍛えるゲーム」が多く発売されていますが、ものすごくがんばって鍛えても、効果はわずかであり、訓練をやめたら効果はなくなり、しかも、日常生活にはあまり活かされません。


**鍛えるよりも……**

このように、大人になって実行機能を鍛えることは簡単ではなさそうです。筆者は、実行機能を鍛えるよりも、実行機能がどのような状況下でうまく働かなくなるのかを理解し、ここぞというときに実行機能がしっかりと働くように準備することが大事だと思います。そのような心得をいくつか紹介しましょう。

まずは、感情の実行機能については、誘惑をできるだけ避けることです。マシュマロテストに参加した子どもがマシュマロを見ないことで誘惑に耐えることができたように、ビールやタバコ、性的刺激などの誘惑をできるだけ目にしないようにすることが大事です。これらを目にしてしまうと、私たちのアクセルが全開になってしまい、ブレーキが利かなくなってしまいます。お酒を控えているときには居酒屋を、禁煙時にはタバコの自動販売機をなるべく見ないようにしましょう。

次に、感情の実行機能にも思考の実行機能にも言えることですが、ストレス時にはブレーキやハンドルの機能が著しく低下してしまいます。仕事で疲れているとき、人間関係でトラブルになったとき、感情や思考をコントロールすることはできません。強いストレスを感じているときには、休息が必要です。

関連して、睡眠不足のとき、不安なとき、抑うつ気味なときのように、精神的に健康ではないときにも実行機能はうまく働きません。このようなときに大事な決定をすることは避けたほうが無難だと思います。

また、先に筋肉のたとえをしましたが、筋肉に似た側面もあります。たとえばベンチプレスをした後や、ダンベルで腕を鍛えた直後は、筋肉は十分に働きませんよね。これと同様で、実行機能を使った直後には実行機能はうまく働きません。たとえば、せっかくビールの誘惑には抵抗できたのに、タバコに手を出してしまうかもしれません。

このような状況下では実行機能はうまく働きません。大事なときには、誘惑のある状況に身を置かないことが大事だと思われます。

**本章のまとめ**

- 子どもの実行機能は鍛えられる
- 個別のプログラムとしては、ゲーム、運動、音楽、マインドフルネスなどがある
- 幼児教育施設や保育施設に行くこと自体が実行機能を向上させる
- 最も注目されているのは「心の道具」プログラム
- 大人の実行機能を鍛えるのは簡単ではないので、いざというときの準備が大切

次章では、本書の内容をまとめてみたいと思います。

# 第8章　非認知スキルを見つめて

第7章までで、自分をコントロールする力、すなわち実行機能がどのようなものであるのか、そして、子どもの成長や発達にどのような影響を与えるのか、どのように育むことができるのかについて見てきました。最終章では、本書でお伝えしたかったことをまとめてみたいと思います。

## 実行機能の二つの側面

実行機能は、子どもが目標に向かって、感情や思考を制御する能力です。そして、実行機能には二つの側面があります。感情の実行機能は、マシュマロテストで調べられるような、将来の目標のために、欲求を制御する力です。思考の実行機能は、目標を保持しながら、頭を柔軟に切り替える力です。

感情の実行機能と比べると、思考の実行機能については一般にもあまりなじみがないかもしれません。しかし、世界中の研究者が注目しているのは、実はこちらの実行機能なのです。

その理由の一つは、子育てやトレーニングなどで、向上させやすいのが思考の実行機能であるためです。第6章や第7章で見てきたように、さまざまな環境要因が実行機能に影響を与えます。そして、子育てや訓練は、特に思考の実行機能に対する影響力が強いのです。

感情の実行機能はその場の状況、子どもの気分や好みに影響されてしまいます。昼ご飯を食べる前と食べた後では、マシュマロテストに対するやる気も大きくことなるでしょう。

また、マシュマロテストで目の前のマシュマロを食べること自体、決して間違ったことではありません。家庭の経済状態がよくない場合、目の前にあるお菓子を食べることと、食べたい気持ちを抑えてお菓子が2倍になるのを期待することと、どちらのほうがいい選択でしょうか。もしかしたら、せっかく2倍になると思って欲求をコントロールしたのに、誰かにお菓子を食べられてしまうということもあるでしょう。マシュマロテストが有効なのは、がんばったら報われることが保証されている状況においてだけなのです。

一方、思考の実行機能については、たとえば頭を切り替えられることと、切り替えられないことを比べた場合、前者のほうが大事であることは間違いないでしょう。そういう意味で、思考の実行機能には安定感があり、その結果として、子育てや訓練の効果が比較的出やすいのです。

## 実行機能の重要性

思考の実行機能が現在注目されている二つ目の理由は、小学校以降の学校生活への影響力が大きいと考えられているためです。

第2章で見たように、ダニーデンやイギリスの研究から、実行機能は子どもの健康や経済状態に影響を与えることが示されているものの、どのような実行機能が、子どものさまざまな指標にどのように影響を与えるかが明確ではありません。

実際、実行機能が高い子どもが、大人になったときに経済状態が良いという結果が事実だとしても、そこに因果関係があるのかどうかについて疑問を持たれる人もいるかもしれません。

「子どものときに実行機能が高いから、大人になってから経済状態が良い」（因果関係）ことと、「子どもの頃に実行機能が高かった人が、大人になってからたまたま経済状態が良い」（相関関係）こととは大違いです。この点は注意深く考える必要があります。

そのため、最近では、思考の実行機能と感情の実行機能が、具体的に子どものどのような行動や能力に影響を与えるのかが検討されています。

その効果が大きいのが、子どもの就学準備性に与える影響です。就学準備性とは、幼稚園や保育園に通う幼児が、小学校へ入学するためのスキルを身につけている状態かどうかということです。「小1プロブレム」などの言葉がある通り、幼稚園や保育園から小学校への移行は子どもにとって大きな問題となります。幼児期に、小学校に入るための準備が必要となってきます。

就学準備性には大きく分けて二つあります。一つは学力の準備性です。小学校に入ると、国語や算数などの教科を本格的に習うことになります。それらの教科を学ぶためには、基本的な文字や数の知識が必要となってきます。たとえば、ひらがなの読み書きや、数を数える能力、簡単な足し算や引き算などが該当します。

数多くの研究から、幼児期に思考の実行機能が高い子どもは、就学前後の学力準備性が高いことが報告されています。とりわけ、算数やその基礎となる知識の獲得に大きな影響力を持ちます（文献8－1）。

さらに、思考の実行機能は、社会的・感情的準備性にもかかわることが示されています。こちらには、プレゼントをもらったらどのような気持ちになるのかなどのように相手の気持ちを正しく理解する能力や、困った相手を助けるような行動が含まれます（文献8－2）。

これらの能力は、学校生活において、クラスメートや教師とうまく付き合っていくために必須です。思考の実行機能が高い子どもは、社会的・感情的な準備性も高いのです。

一方、感情の実行機能は、主に問題行動とかかわります。たとえば、感情の実行機能が低い子どもは、怒りやすく、クラスメートとトラブルになりやすかったり、友達との共同作業が苦手で孤立しやすかったりします（文献8－3）。

このように、思考の実行機能も感情の実行機能も、小学校以降の学校生活に重要な役割を果たしますが、現在のところ、思考の実行機能は学力と関係することもあり、こちらに注目が集まっているのです。

## 子どもの実行機能は低下しているか

小学校の教師をされている方々から、衝動的な子どもや多動な子どもが昔と比べてずいぶん増えているというお話を伺うことが度々あります。そのような子どもが多く、授業が成り立たないことも少なくないということです。

また、年配の方から、現代の子どもは忍耐力や自分をコントロールする力が足りないという話を聞くこともしばしばあります。

本当に子どもの実行機能は昔と比べて低下しているのでしょうか。

衝動的な行動と関連する注意欠如・多動症や自閉症と診断される子どもの数は、過去に比べて間違いなく増えています。もっとも、昔はこれらの障害自体が一般に知られていなかったため、昔にも障害を持った子どもはいたが、診断を受けていなかったという可能性は大いにあります。

障害を持った子ども以外に、定型発達の子どもについてはどうでしょうか。ミネソタ大学カールソン博士らの研究では、アメリカの子どもでは、マシュマロテストの成績は50年前や30年前の子どもと比べて、現代の子どものほうが高いことを示しています（文献8－4）。

日本ではどうでしょうか。信州大学の寺沢博士らは、1969年、1979年、1998年のデータを比較し、日本の子どもでは、1969年から1979年にかけて思考の実行機能にかかわる能力が、変化していると述べています（文献8－5）。

ただ、この報告は対象の子どもの数が少なく、一部の実行機能のみを扱っており、さらには、異なった時代の子どもを同じ条件で比較すること自体が難しいので、これらの研究から現代の子どもの実行機能が高いとか低いといった結論を出すのは時期尚早です。

第6章で紹介したように、親の精神衛生、子どもの運動、睡眠時間やメディア視聴などの実行機能に影響を与える要因に関しては、過去よりも現代のほうが、分が悪いと考えられます。運動時間や睡眠時間も過去に比べると減っています。

一方で、本書を含めて、子育てに関する科学的知識は過去に比べて増えていますし、経済格差が広がっていることを考えると、実行機能が過去よりも低下しているというよりは、二極化が進んでいると考えるほうが自然かもしれません。実行機能が極めて高い子どもと、低い子どもが、過去に比べて増えているということです。

## 実行機能を見つめて

子どもの実行機能が過去より低いかどうかは別として、実行機能に問題を抱えている子どもが一定数いるのは事実です。実行機能の問題が子どもの将来のリスク要因になるのなら、不利になってしまった子どもへの社会的な支援は極めて重要なことです。

筆者としては、この本を通じて、実行機能についての理解が広まることを切に願っています。実行機能がどのようなものであるかを知っていただき、まずは実行機能に問題を抱えている子どもに気づいていただきたいと思います。

そのうえで、第6章で紹介した睡眠やメディア視聴などの要因を見直してもらったり、第7章で紹介したような方法で支援をしたりしていただければと思っています。

国内では、まだまだ実行機能に注目した保育や支援をするような施設は多くはありませんが、少しずつ増えてはきています。今後もこのような動きが広まることを切に願っています。

## 非認知スキルを見つめて

最後に触れておきたいのは、当然のことながら、実行機能以外の力も大事だということです。

実行機能が大きく成長する3歳から6歳くらいの時期は、さまざまな能力が成長する時期です。記憶力や頭の回転の速さなどのＩＱと直接関連するような能力から、他者の気持ちや考えを慮《おもんぱか》る力、何が良くて何が悪いかを判断する力、他人と協力する力、コミュニケーションする力、空気を読む力など、実行機能以外の非認知スキルが成長する時期です。実行機能だけが成長するわけではありません。

これらの力がそれぞれ成長するなかで、子どもは学力や人間関係を発展させることができるのです。

ただ、実際の子育てをしていると、何もかもを考えるのは難しいと思います。もし一つだけ注目するとしたら、本書の「はじめに」でも述べたように、実行機能に注目してほしいと思います。自分をコントロールする力、すなわち、実行機能は成功の秘訣なのです。

# 参考文献

## 第1章


1-1 Hofmann, W., Baumeister, R. F., Förster, G., & Vohs, K. D. (2012). Everyday temptations: an experience sampling study of desire, conflict, and self-control. *Journal of Personality and Social Psychology*, 102(6), 1318-1335.

1-2 尾崎由佳・後藤崇志・小林麻衣・沓澤岳(2016) セルフコントロール尺度短縮版の邦訳および信頼性・妥当性の検討 心理学研究 87(2), 144-154.

1-3 Yam, K. C., Fehr, R., Keng-Highberger, F. T., Klotz, A. C., & Reynolds, S. J. (2016). Out of control: A self-control perspective on the link between surface acting and abusive supervision. *Journal of Applied Psychology*, 101(2), 292-301.

1-4 De Ridder, D. T., & Lensvelt-Mulders, G., Finkenauer, C., Stok, F. M., & Baumeister, R. F. (2012). Taking stock of self-control: A meta-analysis of how trait self-control relates to a wide range of behaviors. *Personality and Social Psychology Review*, 16(1), 76-99.

1-5 Rodriguez-Nieto, G., Emmerling, F., Dewitte, M., Sack, A. T., & Schuhmann, T. (2019). The role of inhibitory control mechanisms in the regulation of sexual behavior. *Archives of Sexual Behavior*, 48(2), 481-

494.

1-6 MacLean, E. L., Hare, B., Nunn, C. L., Addessi, E., Amici, F., Anderson, R. C., et al. (2014). The evolution of self-control. *Proceedings of the National Academy of Sciences*, 111(20), E2140-E2148.

1-7 Herrmann, E., Misch, A., Hernandez-Lloreda, V., & Tomasello, M. (2015). Uniquely human self-control begins at school age. *Developmental Science*, 18(6), 979-993.

## 第2章

2-1 Organization for Economic Co-operation and Development (2015). Skills for social progress: The power of social and emotional skills. OECD Publishing.

2-2 Schweinhart, L. J., Montie, J., Xiang, Z., Barnett, W. S., Belfield, C.R., & Nores, M. (2005). *Lifetime Effects: The High/Scope Perry Preschool Study Through Age 40*. High/Scope Press, Ypsilanti, MI.

2-3 ヘックマン、J. J. 古草秀子訳(2015) 幼児教育の経済学 東洋経済新報社

2-4 Mischel, W., Shoda, Y., & Rodriguez, M. L. (1989). Delay of gratification in children. *Science*, 244(4907), 933-938.

2-5 Shoda, Y., Mischel, W., & Peake, P. K. (1990). Predicting adolescent cognitive and self-regulatory competencies from preschool delay of gratification: Identifying diagnostic conditions. *Developmental Psychology*, 26(6), 978-986.

2-6 Mischel, W., Shoda, Y., & Peake, P. K. (1988). The nature of adolescent competencies predicted by preschool delay of gratification. *Journal of Personality and Social Psychology*, 54(4), 687-696.

2-7 Ayduk, O., Mendoza-Denton, R., Mischel, W., Downey, G., Peake, P. K., & Rodriguez, M. (2000). Regulating the interpersonal self: strategic self-regulation for coping with rejection sensitivity. *Journal of Personality and Social Psychology*, 79(5), 776-792.

2-8 Schlam, T. R., Wilson, N. L., Shoda, Y., Mischel, W., & Ayduk, O. (2013). Preschoolers' delay of gratification predicts their body mass 30 years later. *The Journal of Pediatrics*, 162(1), 90-93.

2-9 森口佑介(2016)　発達科学が発達科学であるために　心理学評論　59(1), 30-38.

2-10 Watts, T. W., Duncan, G. J., & Quan, H. (2018). Revisiting the marshmallow test: A conceptual replication investigating links between early delay of gratification and later outcomes. *Psychological Science*, 29(7), 1159-1177.

2-11 Moffitt, T. E., Arseneault, L., Belsky, D., Dickson, N., Hancox, R. J., Harrington, H., ... & Caspi, A. (2011). A gradient of childhood self-control predicts health, wealth, and public safety. *Proceedings of the National Academy of Sciences*, 108(7), 2693-2698.

2-12 Duckworth, A. L., & Seligman, M. E. P. (2005). Self-discipline outdoes IQ in predicting academic performance of adolescents. *Psychological Science*, 16(12), 939-944.

2-13 Daly, M., Delaney, L., Egan, M., & Baumeister, R. F. (2015). Childhood self-control and unemployment throughout the life span: Evidence from two British cohort studies. *Psychological Science*, 26(6), 709-723.

## 第3章

3-1 Zelazo, P. D., & Carlson, S. M. (2012). Hot and cool executive function in childhood and adolescence: Development and plasticity. *Child Development Perspectives*, 6(4), 354-360.

3-2 Carlson, S. M. (2005). Developmentally sensitive measures of executive function in preschool children. *Developmental Neuropsychology*, 28(2), 595-616.

3-3 Steelandt, S., Thierry, B., Broihanne, M. H., & Dufour, V. (2012). The ability of children to delay gratification in an exchange task. *Cognition*, 122(3), 416-425.

3-4 Metcalfe, J., & Mischel, W. (1999). A hot/cool-system analysis of delay of gratification: dynamics of willpower. *Psychological Review*, 106(1), 3-19.

3-5 Mischel, W., & Metzner, R. (1962). Preference for delayed reward as a function of age, intelligence, and length of delay interval. *The Journal of Abnormal and Social Psychology*, 64(6), 425-431.

3-6 Miyake, A., & Friedman, N. P. (2012). The nature and organization of individual differences in executive functions: Four general conclusions. *Current Directions in Psychological Science*, 21(1), 8-14.

3-7 Moriguchi, Y. (2012). The effect of social observation on children's inhibitory control. *Journal of*

*Experimental Child Psychology*, 113(2), 248-258.

3 - 8　Zelazo, P. D. (2006). The Dimensional Change Card Sort (DCCS): A method of assessing executive function in children. *Nature Protocols*, 1(1), 297-301.

3 - 9　Zelazo, P. D., Anderson, J. E., Richler, J., Wallner-Allen, K., Beaumont, J. L., & Weintraub, S. (2013). II. NIH Toolbox Cognition Battery (CB): Measuring executive function and attention. *Monographs of the Society for Research in Child Development*, 78(4), 16-33.

3 - 10　Chevalier, N. (2015). The development of executive function: Toward more optimal coordination of control with age. *Child Development Perspectives*, 9(4), 239-244.

3 - 11　草薙恵美子・星信子(2005)　子どもの気質的行動特徴の変化：１９９２年と２００２年の比較　國學院短期大学紀要　22, 145-162.

**第４章**

4 - 1　McClure, S. M., Laibson, D. I., Loewenstein, G., & Cohen, J. D. (2004). Separate neural systems value immediate and delayed monetary rewards. *Science*, 306(5695), 503-507.

4 - 2　Izuma, K., Saito, D. N., & Sadato, N. (2008). Processing of social and monetary rewards in the human striatum. *Neuron*, 58(2), 284-294.

4 - 3　Hare, T. A., Camerer, C. F., & Rangel, A. (2009). Self-control in decision-making involves modulation

of the vmPFC valuation system. *Science*, 324(5927), 646-648.

4-4 Arnsten, A. F. (2009). Stress signalling pathways that impair prefrontal cortex structure and function. *Nature reviews neuroscience*, 10(6), 410-422.

4-5 Konishi, S., Nakajima, K., Uchida, I., Kameyama, M., Nakahara, K., Sekihara, K., & Miyashita, Y. (1998). Transient activation of inferior prefrontal cortex during cognitive set shifting. *Nature Neuroscience*, 1(1), 80-84.

4-6 Huttenlocher, P. R. (1990). Morphometric study of human cerebral cortex development. *Neuropsychologia*, 28(6), 517-527.

4-7 Kuhl, P. K., Stevens, E., Hayashi, A., Deguchi, T., Kiritani, S., & Iverson, P. (2006). Infants show a facilitation effect for native language phonetic perception between 6 and 12 months. *Developmental Science*, 9(2), F13-F21.

4-8 Gogtay, N., Giedd, J. N., Lusk, L., Hayashi, K. M., Greenstein, D., Vaituzis, A. C., ... & Thompson, P. M. (2004). Dynamic mapping of human cortical development during childhood through early adulthood. *Proceedings of the National Academy of Sciences*, 101(21), 8174-8179.

4-9 Diamond, A., & Goldman-Rakic, P. S. (1989). Comparison of human infants and rhesus monkeys on Piaget's AB task: Evidence for dependence on dorsolateral prefrontal cortex. *Experimental Brain Research*, 74(1), 24-40.

4 - 10 Moriguchi, Y., & Hiraki, K. (2009). Neural origin of cognitive shifting in young children. *Proceedings of the National Academy of Sciences*, 106(14), 6017-6021.

4 - 11 Fair, D. A., Cohen, A. L., Power, J. D., Dosenbach, N. U., Church, J. A., Miezin, F. M., ... & Petersen, S. E. (2009). Functional brain networks develop from a "local to distributed" organization. *PLoS Computational Biology*, 5(5), e1000381.

4 - 12 Morton, J. B., Bosma, R., & Ansari, D. (2009). Age-related changes in brain activation associated with dimensional shifts of attention: an fMRI study. *Neuroimage*, 46(1), 249-256.

4 - 13 Moriguchi, Y., Shinohara, I., & Yanaoka, K. (2018). Neural correlates of delay of gratification choice in young children: Near-infrared spectroscopy studies. *Developmental Psychobiology*, 60(8), 989-998.

4 - 14 Luerssen, A., Gyurak, A., Ayduk, O., Wendelken, C., & Bunge, S. A. (2015). Delay of gratification in childhood linked to cortical interactions with the nucleus accumbens. *Social Cognitive and Affective Neuroscience*, 10(12), 1769-1776.

## 第5章

5 - 1 Burnett, S., Bault, N., Coricelli, G., & Blakemore, S. -J. (2010). Adolescents' heightened risk-seeking in a probabilistic gambling task. *Cognitive Development*, 25(2), 183-196.

5 - 2 Somerville, L. H., Hare, T., & Casey, B. J. (2011). Frontostriatal maturation predicts cognitive control

failure to appetitive cues in adolescents. *Journal of Cognitive Neuroscience*, 23(9), 2123-2134.

5-3 Van Leijenhorst, L., Moor, B. G., de Macks, Z. A. O., Rombouts, S. A., Westenberg, P. M., & Crone, E. A. (2010). Adolescent risky decision-making: Neurocognitive development of reward and control regions. *NeuroImage*, 51(1), 345-355.

5-4 Casey, B. J. (2015). Beyond simple models of self-control to circuit-based accounts of adolescent behavior. *Annual Review of Psychology*, 66, 295-319.

5-5 Peters, S., & Crone, E. A. (2017). Increased striatal activity in adolescence benefits learning. *Nature Communications*, 8(1), 1983.

5-6 Sebastian, C., Viding, E., Williams, K. D., & Blakemore, S. J. (2010). Social brain development and the affective consequences of ostracism in adolescence. *Brain and Cognition*, 72(1), 134-145.

5-7 Masten, C. L., Eisenberger, N. I., Borofsky, L. A., Pfeifer, J. H., McNealy, K., Mazziotta, J. C., & Dapretto, M. (2009). Neural correlates of social exclusion during adolescence: understanding the distress of peer rejection. *Social Cognitive and Affective Neuroscience*, 4(2), 143-157.

5-8 Chein, J., Albert, D., O'Brien, L., Uckert, K., & Steinberg, L. (2011). Peers increase adolescent risk taking by enhancing activity in the brain's reward circuitry. *Developmental Science*, 14(2), F1-F10.

5-9 Campbell, R., Starkey, F., Holliday, J., Audrey, S., Bloor, M., Parry-Langdon, N., Hughes R., & Moore, L. (2008). An informal school-based peer-led intervention for smoking prevention in adolescence (ASSIST):

A cluster randomised trial. *The Lancet*, 371(9624), 1595–1602.

5－10 Tarter, R. E., Kirisci, L., Mezzich, A., Cornelius, J. R., Pajer, K., Vanyukov, M., Gardner, W., Blackson, T., Clark, D. (2003). Neurobehavioral disinhibition in childhood predicts early age at onset of substance use disorder. *The American Journal of Psychiatry*, 160(6), 1078–1085.

## 第6章

6－1 Fujisawa, K., Todo, N., & Andou, J. (2017). Genetic and environmental influences on the development and stability of executive functions in children of preschool age: A longitudinal study of Japanese twins. *Infant and Child Development*, 26(3), e1994.

6－2 Moriguchi, Y., & Shinohara, I. (2018). Effect of the COMT Val158Met genotype on lateral prefrontal activations in young children. *Developmental Science*, 21(5), e12649.

6－3 Kolb, B., Mychasiuk, R., Muhammad, A., Li, Y., Frost, D. O., & Gibb, R. (2012). Experience and the developing prefrontal cortex. *Proceedings of the National Academy of Sciences*, 109(Supplement 2), 17186–17193.

6－4 Anderson, P. J., & Doyle, L. W. (2004). Executive functioning in school-aged children who were born very preterm or with extremely low birth weight in the 1990s. *Pediatrics*, 114(1), 50–57.

6－5 Noble, K. G., Norman, M. F., & Farah, M. J. (2005). Neurocognitive correlates of socioeconomic status in kindergarten children. *Developmental Science*, 8(1), 74–87.

6－6　Moriguchi, Y., & Shinohara, I.（2019）. Socioeconomic disparity in prefrontal development during early childhood. *Scientific Reports*, 9(1), 2585.

6－7　Graham, A. M., Fisher, P. A., & Pfeifer, J. H.（2013）. What sleeping babies hear: A functional MRI study of interparental conflict and infants' emotion processing. *Psychological Science*, 24(5), 782–789.

6－8　Egeland, B., Sroufe, L. A., & Erickson, M.（1983）. The developmental consequence of different patterns of maltreatment. *Child Abuse & Neglect*, 7(4), 459–469.

6－9　McDermott, J. M., Westerlund, A., Zeanah, C. H., Nelson, C. A., & Fox, N. A.（2012）. Early adversity and neural correlates of executive function: Implications for academic adjustment. *Developmental Cognitive Neuroscience*, 2, Suppl. 1 S59–S66.

6－10　数井みゆき・遠藤利彦(2005)　アタッチメント：生涯にわたる絆　ミネルヴァ書房

6－11　Bernier, A., Carlson, S. M., & Whipple, N.（2010）. From external regulation to self-regulation: Early parenting precursors of young children's executive functioning. *Child Development*, 81(1), 326–339.

6－12　Warneken, F., & Tomasello, M.（2008）. Extrinsic rewards undermine altruistic tendencies in 20-month-olds. *Developmental Psychology*, 44(6), 1785–1788.

6－13　Roskam, I., Stievenart, M., Meunier, J. C., & Noël, M. P.（2014）. The development of children's inhibition: Does parenting matter? *Journal of Experimental Child Psychology*, 122, 166–182.

6 - 14 Sadeh, A., Gruber, R., & Raviv, A. (2003). The effects of sleep restriction and extension on school-age children: What a difference an hour makes. *Child Development*, 74(2), 444-455.

6 - 15 Bernier, A., Carlson, S. M., Bordeleau, S., & Carrier, J. (2010). Relations between physiological and cognitive regulatory systems: Infant sleep regulation and subsequent executive functioning. *Child Development*, 81(6), 1739-1752.

6 - 16 Barr, R., Lauricella, A. R., Zack, E., & Calvert, S. L. (2010). The relation between infant exposure to television and executive functioning, cognitive skills, and school readiness at age four. *Merrill Palmer Quarterly*, 56, 21-48.

6 - 17 Lillard, A. S., & Peterson, J. (2011). The immediate impact of different types of television on young children's executive function. *Pediatrics*, 128(4), 644-649.

6 - 18 Li, H., Subrahmanyam, K., Bai, X., Xie, X., & Liu, T. (2018). Viewing fantastical events versus touching fantastical events: Short-term effects on children's inhibitory control. *Child Development*, 89(1), 48-57.

6 - 19 Curtis, L. J., Dooley, M. D., & Phipps, S. A. (2004). Child well-being and neighbourhood quality: evidence from the Canadian National Longitudinal Survey of Children and Youth. *Social Science & Medicine*, 58(10), 1917-1927.

6 - 20 Moriguchi, Y., Evans, A. D., Hiraki, K., Itakura, S., & Lee, K. (2012). Cultural differences in the

development of cognitive shifting: East-West comparison. *Journal of Experimental Child Psychology*, 111(2), 156–163.

6－21　Bialystok, E.（1999）. Cognitive complexity and attentional control in the bilingual mind. *Child Development*, 70(3), 636–644.

6－22　Dick, A. S., Garcia, N. L., Pruden, S. M., Thompson, W. K., Hawes, S. W., Sutherland, M. T., ... & Gonzalez, R.（2019）. No evidence for a bilingual executive function advantage in the nationally representative ABCD study. *Nature Human Behaviour*, 3(7), 692–701.

6－23　ゴプニック、A．渡会圭子訳(2019)　思いどおりになんて育たない：反ペアレンティングの科学　森北出版


## 第7章

7－1　Karbach, J., & Kray, J.（2009）. How useful is exective control training? Age differences in near and far transfer of task-switching training. *Developemental Science*, 12(6), 978–990.

7－2　Espinet, S. D., Anderson, J. E., & Zelazo, P. D.（2013）. Reflection training improves executive function in preschool-age children: Behavioral and neural effects. *Developmental Cognitive Neuroscience*, 4, 3–15.

7－3　Best, J. R.（2012）. Exergaming immediately enhances children's executive function. *Developmental Psychology*, 48(5), 1501–1510.

7-4 Ishihara, T., Sugasawa, S., Matsuda, Y., & Mizuno, M.（2018）. Relationship between sports experience and executive function in 6–12-year-old children: Independence from physical fitness and moderation by gender. *Developmental Science*, 21（3）, e12555.

7-5 Moreno, S., Bialystok, E., Barac, R., Schellenberg, E. G., Cepeda, N. J., & Chau, T.（2011）. Short-term music training enhances verbal intelligence and executive function. *Psychological Science*, 22（11）, 1425–1433.

7-6 Lertladaluck, K., Suppalarkbunlue, W., Moriguchi, Y., & Chutabhakdikul, N.（2019）. Fostering Executive Function and Self-Regulation Through A School-Based Mindfulness Program in Preschoolers. Manuscript submitted for publication.

7-7 山口慎太郎（2019）「家族の幸せ」の経済学：データ分析でわかった結婚、出産、子育ての真実　光文社新書

7-8 Gordon, R. A., Fujimoto, K., Kaestner, R., Korenman, S., & Abner, K.（2013）. An assessment of the validity of the ECERS-R with implications for measures of child care quality and relations to child development. *Developmental Psychology*, 49（1）, 146–160.

7-9 Diamond, A., Barnett, W. S., Thomas, J., & Munro, S.（2007）. Preschool program improves cognitive control. *Science*, 318（5855）, 1387–1388.

7-10 Lillard, A., & Else-Quest, N.（2006）. Evaluating Montessori education. *Science*, 313（5795）, 1893–1894.

7-11 Friese, M., Frankenbach, J., Job, V., & Loschelder, D. D.（2017）. Does self-control training improve self-control? A meta-analysis. *Perspectives on Psychological Science*, 12(6), 1077–1099.

7－12　Webb, S. L., Loh, V., Lampit, A., Bateman, J. E., & Birney, D. P. (2018). Meta-analysis of the effects of computerized cognitive training on executive functions: a cross-disciplinary taxonomy for classifying outcome cognitive factors. *Neuropsychology Review*, 28(2), 232–250.

7－13　坪見博之・齊藤智・苧阪満里子・苧阪直行(2019)　ワーキングメモリトレーニングと流動性知能　心理学研究　90(3), 308–326.


## 第8章

8－1　Blair, C., & Razza, R. P. (2007). Relating effortful control, executive function, and false belief understanding to emerging math and literacy ability in kindergarten. *Child Development*, 78(2), 647–663.

8－2　Aguilar-Pardo, D., Martínez-Arias, R., & Colmenares, F. (2013). The role of inhibition in young children's altruistic behaviour. *Cognitive Processing*, 14(3), 301–307.

8－3　Di Norcia, A., Pecora, G., Bombi, A. S., Baumgartner, E., & Laghi, F. (2015). Hot and cool inhibitory control in Italian toddlers: Associations with social competence and behavioral problems. *Journal of Child and Family Studies*, 24(4), 909–914.

8－4　Carlson, S. M., et al. (2018). Cohort effects in children's delay of gratification. *Developmental Psychology*, 54(8), 1395–1407.

8-5　寺沢宏次ら(2000) GO/NO-GO実験による子どもの大脳発達パターンの調査：日本の'69、'79、'98と中国の子どもの'84の大脳活動の型から　日本生理人類学会誌　5(2), 95-102.

# おわりに

ここ数年で、非認知スキルや社会情緒的スキルという言葉を本当によく耳にするようになりました。これらを紹介する書籍やウェブサイトも増加し、国のさまざまな指針にも取り入れられるなかで、親や幼児教育・保育関係者も無関心ではいられない現状があるのだと思います。

筆者のもとにも、事業への協力依頼や講演依頼が急増しています。「はじめに」でも書いたように、筆者自身は純粋に学問的な好奇心で実行機能の研究を始めましたが、子どもの将来に重要なのであれば、娘を持つ一人の親として無関心ではいられません。とはいうものの、全ての依頼をお受けする時間の余裕がないのもまた事実です。このような事情から、実行機能について広くお伝えすることができればと思い、本書を執筆いたしました。実行機能に関心のある方に、研究成果に基づいた話が少しでも届けば筆者としては幸いです。

執筆してみて思うのは、実行機能やセルフコントロールについてお伝えすることの難しさでした。そもそも、学術界においても、実行機能やセルフコントロールは定義が難しい概念です。マシュマロテストを含めることに異論を唱える方もいるかもしれません。本書は、発達心理学・発達科学においては近年受け入れられている、実行機能のホットとクールの二側面に基づいて執筆しています。実行機能やセルフコントロールの一つの考え方だと思っていただけるとよいかと思います。

本書は、多くの方からのご指導、ディスカッション、共同研究に基づいて書かれています。すべての方のお名前を挙げることはできませんが、板倉昭二先生、開一夫先生、明和政子先生、草薙恵美子先生、尾崎由佳先生、フィリップ・ゼラゾ先生、ニコラス・シュバリエ先生に厚く御礼申し上げます。上橋志穂様には本書にかかわるさまざまな業務を遂行いただき、山口将典様には原稿全体に目を通していただき、コメントをいただきました。また、本書執筆のきっかけをくださった講談社文庫出版部岡本浩睦様、学術的な書き方が抜けきれず、苦戦した筆者に適切なコメントをくださった講談社現代新書編集部青木肇様、坂本瑛子様、栗原一樹様に感謝いたします。

最後に、自分のコントロールが得意でない筆者に、コントロールするための目標と動機づけを与えてくれる妻と娘に心よりの感謝を伝えたいと思います。

秋の京都にて　　森口佑介

講談社現代新書　2551

# 自分《じぶん》をコントロールする力《ちから》　非認知《ひにんち》スキルの心理学《しんりがく》

二〇一九年一一月二〇日第一刷発行　二〇二四年三月四日第七刷発行

著者　森口佑介《もりぐちゆうすけ》　

発行者　森田浩章

発行所　株式会社講談社
東京都文京区音羽二丁目一二―二一　郵便番号一一二―八〇〇一
電話　〇三―五三九五―三五二一　編集（現代新書）
〇三―五三九五―四四一五　販売
〇三―五三九五―三六一五　業務

装幀者　中島英樹

印刷所　株式会社ＫＰＳプロダクツ

製本所　株式会社ＫＰＳプロダクツ

定価はカバーに表示してあります　Printed in Japan



N.D.C. 143　230p　18cm
ISBN978-4-06-517919-2

## 「講談社現代新書」の刊行にあたって

教養は万人が身をもって養い創造すべきものであって、一部の専門家の占有物として、ただ一方的に人々の手もとに配布され伝達されうるものではありません。

しかし、不幸にしてわが国の現状では、教養の重要な養いとなるべき書物は、ほとんど講壇からの天下りや単なる解説に終始し、知識技術を真剣に希求する青少年・学生・一般民衆の根本的な疑問や興味は、けっして十分に答えられ、解きほぐされ、手引きされることがありません。万人の内奥から発した真正の教養への芽ばえが、こうして放置され、むなしく滅びさる運命にゆだねられているのです。

このことは、中・高校だけで教育をおわる人々の成長をはばんでいるだけでなく、大学に進んだり、インテリと目されたりする人々の精神力の健康さえもむしばみ、わが国の文化の実質をまことに脆弱なものにしています。単なる博識以上の根強い思索力・判断力、および確かな技術にささえられた教養を必要とする日本の将来にとって、これは真剣に憂慮されなければならない事態であるといわなければなりません。

わたしたちの「講談社現代新書」は、この事態の克服を意図して計画されたものです。これによってわたしたちは、講壇からの天下りでもなく、単なる解説書でもない、もっぱら万人の魂に生ずる初発的かつ根本的な問題をとらえ、掘り起こし、手引きし、しかも最新の知識への展望を万人に確立させる書物を、新しく世の中に送り出したいと念願しています。

わたしたちは、創業以来民衆を対象とする啓蒙の仕事に専心してきた講談社にとって、これこそもっともふさわしい課題であり、伝統ある出版社としての義務でもあると考えているのです。

一九六四年四月　野間省一

## 自然科学・医学

1141 安楽死と尊厳死——保阪正康
1328 「複雑系」とは何か——吉永良正
1343 カンブリア紀の怪物たち　サイモン・コンウェイ・モリス　松井孝典 監訳
1500 科学の現在を問う　村上陽一郎
1511 優生学と人間社会——米本昌平　松原洋子　橳島次郎　市野川容孝
1689 時間の分子生物学——粂和彦
1700 核兵器のしくみ——山田克哉
1706 新しいリハビリテーション　大川弥生
1786 数学的思考法——芳沢光雄
1805 人類進化の700万年　三井誠
1813 はじめての〈超ひも理論〉　川合光
1840 算数・数学が得意になる本　芳沢光雄
1861 〈勝負脳〉の鍛え方——林成之
1881 「生きている」を見つめる医療——中村桂子　山岸敦
1891 生物と無生物のあいだ　福岡伸一
1925 数学でつまずくのはなぜか　小島寛之
1929 脳のなかの身体——宮本省三
2000 世界は分けてもわからない　福岡伸一
2023 ロボットとは何か——石黒浩
2039 ソーシャルブレインズ入門　藤井直敬
2097 〈麻薬〉のすべて——船山信次
2122 量子力学の哲学——森田邦久
2166 化石の分子生物学——更科功
2191 DNA医学の最先端　大野典也
2204 森の力——宮脇昭
2219 宇宙はなぜこのような宇宙なのか——青木薫
2226 宇宙生物学で読み解く「人体」の不思議——吉田たかよし
2244 呼鈴の科学——吉田武
2262 生命誕生——中沢弘基
2265 SFを実現する——田中浩也
2268 生命のからくり——中屋敷均
2269 認知症を知る——飯島裕一
2292 認知症の「真実」——東田勉
2359 ウイルスは生きている　中屋敷均
2370 明日、機械がヒトになる　海猫沢めろん
2384 ゲノム編集とは何か　小林雅一
2395 不要なクスリ　無用な手術　富家孝
2434 生命に部分はない——A・キンブレル　福岡伸一 訳

## 心理・精神医学

331 異常の構造——木村敏
590 家族関係を考える——河合隼雄
725 リーダーシップの心理学——国分康孝
824 森田療法——岩井寛
1011 自己変革の心理学——伊藤順康
1020 アイデンティティの心理学 鑪幹八郎
1044 〈自己発見〉の心理学 国分康孝
1241 心のメッセージを聴く 池見陽
1289 軽症うつ病——笠原嘉
1348 自殺の心理学——高橋祥友
1372 〈むなしさ〉の心理学 諸富祥彦
1376 子どものトラウマ——西澤哲

1465 トランスパーソナル心理学入門——諸富祥彦
1787 人生に意味はあるか 諸富祥彦
1827 他人を見下す若者たち 速水敏彦
1922 発達障害の子どもたち——杉山登志郎
1962 親子という病——香山リカ
1984 いじめの構造——内藤朝雄
2008 関係する女 所有する男——斎藤環
2030 がんを生きる——佐々木常雄
2044 母親はなぜ生きづらいか——香山リカ
2062 人間関係のレッスン 向後善之
2076 子ども虐待——西澤哲
2085 言葉と脳と心——山鳥重
2105 はじめての認知療法——大野裕

2116 発達障害のいま——杉山登志郎
2119 動きが心をつくる——春木豊
2143 アサーション入門——平木典子
2180 パーソナリティ障害とは何か——牛島定信
2231 精神医療ダークサイド 佐藤光展
2344 ヒトの本性——川合伸幸
2347 信頼学の教室——中谷内一也
2349 「脳疲労」社会——徳永雄一郎
2385 はじめての森田療法 北西憲二
2415 新版 うつ病をなおす 野村総一郎
2444 怒りを鎮める うまく謝る 川合伸幸

L

## 政治・社会

1145 冤罪はこうして作られる　小田中聰樹
1201 情報操作のトリック　川上和久
1488 日本の公安警察——青木理
1540 戦争を記憶する——藤原帰一
1742 教育と国家——高橋哲哉
1965 創価学会の研究——玉野和志
1977 天皇陛下の全仕事——山本雅人
1978 思考停止社会——郷原信郎
1985 日米同盟の正体——孫崎享
2068 財政危機と社会保障——鈴木亘
2073 リスクに背を向ける日本人　山岸俊男　メアリー・C・ブリントン
2079 認知症と長寿社会——信濃毎日新聞取材班
2115 国力とは何か——中野剛志
2117 未曾有と想定外——畑村洋太郎
2123 中国社会の見えない掟　加藤隆則
2130 ケインズとハイエク　松原隆一郎
2135 弱者の居場所がない社会　阿部彩
2138 超高齢社会の基礎知識　鈴木隆雄
2152 鉄道と国家——小牟田哲彦
2183 死刑と正義——森炎
2186 民法はおもしろい——池田真朗
2197 「反日」中国の真実——加藤隆則
2203 ビッグデータの覇者たち——海部美知
2246 愛と暴力の戦後とその後——赤坂真理
2247 国際メディア情報戦——高木徹
2294 安倍官邸の正体——田﨑史郎
2295 福島第一原発事故 7つの謎　NHKスペシャル『メルトダウン』取材班
2297 ニッポンの裁判——瀬木比呂志
2352 警察捜査の正体——原田宏二
2358 貧困世代——藤田孝典
2363 下り坂をそろそろと下る　平田オリザ
2387 憲法という希望——木村草太
2397 老いる家　崩れる街　野澤千絵
2413 アメリカ帝国の終焉　進藤榮一
2431 未来の年表——河合雅司
2436 縮小ニッポンの衝撃　NHKスペシャル取材班
2439 知ってはいけない——矢部宏治
2455 保守の真髄——西部邁

## 趣味・芸術・スポーツ

620 時刻表ひとり旅――宮脇俊三
676 酒の話――小泉武夫
1025 J・S・バッハ――礒山雅
1287 写真美術館へようこそ――飯沢耕太郎
1404 踏みはずす美術史――森村泰昌
1422 演劇入門――平田オリザ
1454 スポーツとは何か――玉木正之
1510 最強のプロ野球論――二宮清純
1653 これがビートルズだ　中山康樹
1723 演技と演出――平田オリザ
1765 科学する麻雀――とつげき東北
1808 ジャズの名盤入門――中山康樹
1890 「天才」の育て方――五嶋節
1915 ベートーヴェンの交響曲――金聖響 玉木正之
1941 プロ野球の一流たち　二宮清純
1970 ビートルズの謎――中山康樹
1990 ロマン派の交響曲――金聖響 玉木正之
2007 落語論――堀井憲一郎
2045 マイケル・ジャクソン――西寺郷太
2055 世界の野菜を旅する　玉村豊男
2058 浮世絵は語る――浅野秀剛
2113 なぜ僕はドキュメンタリーを撮るのか――想田和弘
2132 マーラーの交響曲――金聖響 玉木正之
2210 騎手の一分――藤田伸二
2214 ツール・ド・フランス　山口和幸
2221 歌舞伎　家と血と藝　中川右介
2270 ロックの歴史――中山康樹
2282 ふしぎな国道――佐藤健太郎
2296 ニッポンの音楽――佐々木敦
2366 人が集まる建築――仙田満
2378 不屈の棋士――大川慎太郎
2381 138億年の音楽史　浦久俊彦
2389 ピアニストは語る　ヴァレリー・アファナシエフ
2393 現代美術コレクター　高橋龍太郎
2399 ヒットの崩壊――柴那典
2404 本物の名湯ベスト100　石川理夫
2424 タロットの秘密――鏡リュウジ
2446 ピアノの名曲――イリーナ・メジューエワ

◎

## 世界史Ⅰ

## 世界史Ⅱ

## 哲学・思想I

66 哲学のすすめ――岩崎武雄
159 弁証法はどういう科学か 三浦つとむ
501 ニーチェとの対話――西尾幹二
871 言葉と無意識――丸山圭三郎
898 はじめての構造主義 橋爪大三郎
916 哲学入門一歩前――廣松渉
921 現代思想を読む事典 今村仁司 編
977 哲学の歴史――新田義弘
989 ミシェル・フーコー 内田隆三
1001 今こそマルクスを読み返す 廣松渉
1286 哲学の謎――野矢茂樹
1293 「時間」を哲学する――中島義道

1315 じぶん・この不思議な存在――鷲田清一
1357 新しいヘーゲル――長谷川宏
1383 カントの人間学――中島義道
1401 これがニーチェだ――永井均
1420 無限論の教室――野矢茂樹
1466 ゲーデルの哲学――高橋昌一郎
1575 動物化するポストモダン 東浩紀
1582 ロボットの心――柴田正良
1600 ハイデガー＝存在神秘の哲学――古東哲明
1635 これが現象学だ――谷徹
1638 時間は実在するか 入不二基義
1675 ウィトゲンシュタインはこう考えた 鬼界彰夫
1783 スピノザの世界――上野修

1839 読む哲学事典――田島正樹
1948 理性の限界――高橋昌一郎
1957 リアルのゆくえ――大塚英志 東浩紀
1996 今こそアーレントを読み直す――仲正昌樹
2004 はじめての言語ゲーム――橋爪大三郎
2048 知性の限界――高橋昌一郎
2050 超解読！ はじめてのヘーゲル『精神現象学』 竹田青嗣 西研
2084 はじめての政治哲学 小川仁志
2099 超解読！ はじめてのカント『純粋理性批判』 竹田青嗣
2153 感性の限界――高橋昌一郎
2169 超解読！ はじめてのフッサール『現象学の理念』――竹田青嗣
2185 死別の悲しみに向き合う――坂口幸弘
2279 マックス・ウェーバーを読む――仲正昌樹

A